Was sich im Oktober 1962 abspielte, hatte die Welt nach 1945 noch nicht erlebt. Und zu Ihrem Glück ist Ähnliches bisher ausgeblieben: Wegen der Stationierung sowjetischer Mittelstreckenraketen auf Kuba verhängten die USA eine Blockade über die Insel und versetzten ihre Atomraketen und Langstreckenbomber in den höchsten Alarmzustand unterhalb der Schwelle eines Nuklearkrieges. Gestützt auf amerikanische, sowjetische und kubanische Akten, erzählt Bernd Greiner die Geschichte der Kuba-Krise: Warum sie bis zur Schwelle eines Atomkrieges eskalierte, wie letztlich ein politischer Ausweg gefunden wurde und wie diese Konfrontation bis weit in die 1980er Jahre nachwirkte.

Bernd Greiner, geb. 1952, ist Leiter des Arbeitsbereichs «Theorie und Geschichte der Gewalt» am Hamburger Institut für Sozialforschung und Professor am Fachbereich Philosophie und Geschichtswissenschaften der Universität Hamburg.

Bernd Greiner

DIE KUBA-KRISE

Die Welt an der Schwelle zum Atomkrieg

Verlag C.H.Beck

Für Lena

Mit 2 Karten
(© Peter Palm, Berlin)

Die erste Auflage dieses Buches erschien 2010.

2. Auflage. 2015

Originalausgabe
© Verlag C.H.Beck oHG, München 2010
Gesamtherstellung: Druckerei C.H.Beck, Nördlingen
Umschlagabbildung: Kennedy © Top Foto/KPA/picture-alliance
Chruschtschow © dpa/picture-alliance
im Hintergrund Kubaflagge
Umschlagentwurf: Uwe Göbel, München
Printed in Germany
ISBN 978 3 406 58786 3

www.beck.de

Inhalt

Einleitung

Was sich im Oktober 1962 abspielte, hatte die Welt nach 1945 noch nicht erlebt. Und zu ihrem Glück ist Ähnliches seither ausgeblieben. Angesichts der knapp 150 heißen Kriege im Kalten Krieg und der Gewaltexzesse seit den 1990er Jahren mag eine solche Behauptung übertrieben klingen – immerhin weitete sich die Krise um Kuba nicht zu einem Krieg aus. Dennoch trifft dieses Resümee den Kern der Sache.

Mitte des Monats ging «Operation Anadyr» in ihre entscheidende Phase, das logistisch anspruchsvollste und zugleich umfangreichste Unternehmen der sowjetischen Streitkräfte seit dem Zweiten Weltkrieg. Niemals zuvor hatte man in Friedenszeiten Waffen, Material, technisches Personal und Truppen in einem derartigen Umfang ins Ausland verlegt, geschweige denn nach Übersee. Auf Kuba wurden angelandet: eine aus fünf Regimentern bestehende Raketendivision; zwei Luftabwehrdivisionen mit sechs Regimentern, die neben 144 SA-2-Raketen auch über ein Geschwader von MiG-21-Jägern verfügten; vier motorisierte Schützenregimenter und zwei Panzerbataillone; drei mit konventionellen Kurzstreckenraketen ausgestattete Bataillone für den Küstenschutz; 98 Sprengköpfe für nukleare Gefechtsfeldwaffen; vier dieselgetriebene U-Boote der «Foxtrot»-Klasse mit je einem Atomtorpedo; 42 000 Soldaten, darunter eine 10 000 Mann starke Kampftruppe. Und vor allem: 36 nukleare Mittelstreckenraketen vom Typ R-12, die mit einer Reichweite von 1100 nautischen Meilen oder 2000 Kilometern Verwüstungen weit im Inneren der USA hätten anrichten können.

Unumstößliche Beweise für das Herzstück der sowjetischen Waffenlieferungen hatte die amerikanische Luftaufklärung am 15. Oktober geliefert: Fotos über im Bau befindliche Abschussrampen für die R-12. Von den nahe San Cristobal, Remedios, Sagua la Grande und Guanajay gelegenen Anlagen abgesehen,

entdeckte man wenige Tage später auch noch unfertige Start-
plätze für so genannte «Intermediate-Range Ballistic Missiles»
(IRBM) vom Typ R-14, ausgelegt auf Ziele in einer Entfernung
von 2200 nautischen Meilen oder 4000 Kilometern.

Um Moskau zum Abzug seiner ballistischen Raketen zu
zwingen, rief Präsident John F. Kennedy eine Seeblockade Kubas aus und versetzte die strategischen Luftstreitkräfte der
USA am 24. Oktober in den höchsten Alarmzustand unterhalb der Schwelle eines umfassenden Nuklearkrieges: «Defense
Condition 2». Zum ersten und bisher einzigen Mal in der Geschichte des Landes galt «DefCon 2» für alle Interkontinentalraketen (ICBM) und Langstreckenbomber. Den Vorgaben einer «immediate execution policy» entsprechend, konnten fortan 1479 Langstreckenbomber vom Typ B-52 und B-47 sowie
183 ICBM aus der Baureihe «Atlas», «Titan» und «Minuteman»
spätestens 60 Minuten nach einem Befehl aus dem Weißen Haus
eingesetzt werden. Ohne jede Verzögerung angriffsbereit waren
zwischen 65 und 76 B-52, die bis Ende November Tag für Tag
und Nacht für Nacht die Grenzen des sowjetischen Luftraums
abflogen, aktualisierte Ziellisten im Cockpit. Allein mit diesen
Trägersystemen – 128 Polaris-Raketen auf U-Booten im Atlantik sowie grenznah zum Warschauer Pakt stationierte Kampfbomber mittlerer und kurzer Reichweite nicht eingerechnet –
hätten 2962 großkalibrige Nuklearwaffen abgeworfen werden
können. Als «high priority – Task 1 targets», unbedingt und sofort auszulöschende Ziele in der Sowjetunion, hatte das «Strate-
gic Air Command» unter General Thomas Power 220 Städte,
Militär- und Industrieanlagen sowie Verkehrsknotenpunkte festgelegt.

Zur gleichen Zeit wurde Florida in ein Heerlager verwandelt.
Der britische Konsul in Miami fühlte sich an Südengland im
Juni 1944 und die letzten Tage vor der Landung in der Norman-
die erinnert; andere Beobachter sahen die Halbinsel unter der
Last des militärischen Geräts alsbald im Meer versinken. Knapp
600 taktische Kampfbomber waren über die Flugfelder der Re-
gion verteilt worden, ausgestattet mit Treibstoff, Bomben und
Bordmunition für tausende von Angriffen; 1190 hätten bereits

am ersten Tag eines Krieges gegen Kuba geflogen werden sollen. Unter dem Kommando der Armee bereiteten sich acht Divisionen mit insgesamt 120 000 Mann und dem größten seit 1944 mobilisierten Kontingent an Fallschirmspringern auf eine amphibische Landung östlich von Havanna vor. Zum Vergleich: In der Normandie hatte man 150 000 Soldaten abgesetzt. Die Marine bot 180 Schiffe, darunter acht Flugzeugträger und 26 Zerstörer, in den Gewässern um Florida auf. Und so weiter und so fort in einer mit Superlativen überquellenden Statistik. Für die ersten zehn Kriegstage rechnete das Pentagon allein in den eigenen Reihen mit 19 000 Toten und Verwundeten.

Auf Kuba selbst erklärte Fidel Castro am späten Nachmittag des 22. Oktober den Ausnahmezustand. Wie viele reguläre Soldaten und auf die Schnelle bewaffnete Milizionäre aus Arbeitern, Bauern und Studenten man mobilisierte, ist umstritten. Manchmal ist von 350 000, mitunter auch von 420 000 die Rede – gemessen an einer Bevölkerung von sieben Millionen eine in jedem Fall enorme Quote. Die in drei Verteidigungszonen aufgeteilte Insel glich fortan einer zum Äußersten vorbereiteten Festung. «Ein Zurückweichen gab es für uns nicht», beschrieb Fidel Castro die Situation im Rückblick. «Um die Wahrheit zu sagen: Es kam uns überhaupt nicht in den Sinn, nachzugeben.» Der Diktator meinte tatsächlich, was er eine gute Woche lang in der Zeitung *Revolución* zum Besten gab: dass seine Regierung notfalls an der Seite des Volkes «in größter Würde» den Heldentod sterben würde. Eingedenk dieser «suprema dignidad» gab Castro nicht nur den Befehl, amerikanische Tiefflugaufklärer unter Feuer zu nehmen. Am 27. Oktober, die Entwicklung schien auf allen Seiten außer Kontrolle zu geraten, forderte er Nikita Chruschtschow in einem gewundenen Brief auch zum nuklearen Erstschlag gegen die USA auf – für den Fall, dass die USA auf Kuba einmarschieren sollten und zur Rache für das gewaltsame Ende einer Revolution, die mittels der sowjetischen Waffen eigentlich hatte geschützt werden sollen.

Warum ausgerechnet Kuba? Wieso zu diesem Zeitpunkt? John F. Kennedy war sich mit seinen engsten Beratern einig, dass drei Dutzend sowjetische Mittelstreckenraketen vor der eigenen Haustür am militärischen Kräfteverhältnis nicht das Mindeste änderten. Die USA verfügten auf absehbare Zeit über ein turmhoch überlegenes Arsenal an nuklearen Waffen, wären selbst nach einem sowjetischen Erstschlag noch in der Lage gewesen, den Angreifer samt seiner Verbündeten vollständig zu vernichten. In anderen Worten: Die nationale Sicherheit war nicht berührt, die Logik der beiderseitigen Abschreckung war und blieb in Kraft. In Kuba ging es einzig und allein um ein politisches Problem, um das Problem, dass die sowjetischen Raketen die politischen Gewichte der Macht zu verschieben drohten. Zumindest, so John F. Kennedy, hätte es den Anschein gehabt. «Und der Schein ist Teil der Realität.»

Dennoch bleibt die Frage, wovon diese Geschichte im Kern handelt. Seit 1947 lieferten sich Ost und West einen psychologischen Abnutzungskrieg um Prestige und Symbole ihrer Macht: 1948 in Berlin, 1950 bis 1953 in Korea, 1956 wegen Ungarn, Polen und Suez, seit 1956 wiederholt in den Meerengen vor Taiwan und zwischen 1958 und 1961 erneut in Berlin. In allen Fällen hatte man es bei verbalen Drohkulissen belassen und sich mit ideologischen Redeschlachten zufriedengegeben, zu keinem Zeitpunkt machte der Eine gegen den Anderen mobil. In Kuba indes wurde der Einsatz erhöht – und zwar auf die provokanteste Art und Weise. 1962 schickte man keine Stellvertreter aufs Feld, wegen Kuba gingen beide Seiten direkt aufeinander los. Vor allem diese Besonderheit verlangt nach einer Erklärung.

Der Kalte Krieg musste erst zu Ende gehen, ehe einigermaßen befriedigende Antworten gegeben werden konnten. Gewiss lag bereits vor dem Zusammenbruch der UdSSR eine kaum noch zu überschauende Fülle an Literatur zur Kuba-Krise vor, nicht zuletzt angeregt durch Tonbandaufnahmen, auf denen die wichtigsten Sitzungen von John F. Kennedys Krisenstab dokumentiert sind. Die Entscheidung, überall im Weißen Haus Abhöranlagen zu installieren – im Kabinettssaal, im Oval Office sowie in einigen Privatgemächern – und die Bänder in der Präsidentenbibliothek aufzubewahren, war für Historiker einerseits ein Glücksfall; andererseits vergrößerte dieser Fund die Asymmetrie des Wissens. Während sich die Ereignisse in Washington beinahe minutiös rekonstruieren ließen, blieb das Geschehen in Moskau und Havanna allenfalls in Umrissen erkennbar. Quellen aus der Sowjetunion standen kaum, aus Kuba überhaupt nicht zur Verfügung. Folglich wurde die Geschichte der Kuba-Krise bis zum Ende der 1980er Jahre immer nur zu einem Drittel erzählt.

Seither hat sich die Situation grundlegend verbessert, in erster Linie, weil eine Gruppe amerikanischer Historiker die Umbrüche in der UdSSR und Osteuropa geschickt zu nutzen verstand. Allen voran Mitarbeitern der Harvard- und der Brown-University, des National Security Archive und des Cold War International History Project war es zu verdanken, dass Veteranen der Kuba-Krise, Fidel Castro eingeschlossen, auf internationalen Tagungen ihre Erinnerungen zu Protokoll gaben. Dieser Initiative folgte eine unerwartet großzügige Freigabe sowjetischer und kubanischer Akten. Dass Bestände des Zentralkomitees der KPdSU, der sowjetischen Geheimdienste und Streitkräfte weiterhin verschlossen bleiben, ist ebenso bedauerlich wie der auf Kuba zu beobachtende Rückfall in alte Archivsitten. Aber dergleichen ist längst kein Einwand mehr gegen den Anspruch, alle Beteiligten einbeziehen und ein aufregendes Kapitel Zeitgeschichte aus drei Perspektiven erzählen zu wollen.

Ironischerweise trug ausgerechnet die Erweiterung der Quellenbasis zu einer neuerlichen Verengung der Diskussion bei. Nachdem Anfang 1992 bekannt geworden war, dass Moskau auch nukleare Gefechtsfeldwaffen nach Kuba verschifft hatte, feierte eine Erzählung im Konjunktiv ihre Triumphe: Wenn die USA einmarschiert wären, hätten die Sowjets dann ihre taktischen Atomwaffen an den Stränden Kubas eingesetzt? Wäre der Dritte Weltkrieg ausgelöst worden, weil die Amerikaner nicht wussten, was sie auf der Insel erwartete? Hätte ein nachrangiger Kommandeur die ganze Welt in den Abgrund reißen können? Gerade die Prominenten unter den Zeitzeugen und Historikern wollten die Fragezeichen erst gar nicht gelten lassen. Für sie stand fortan fest: Die Kuba-Krise ist die Geschichte eines nur um Haaresbreite vermiedenen Weltkrieges. Bis heute

erliegen Autoren der Versuchung, die Kriegsgefahr möglichst
grell auszuleuchten und mit immer neuen Details aufzuwarten,
die reißerisch zu glimmenden Lunten am nuklearen Pulverfass
erklärt werden, auch um den Preis, dass Spekulationen den
Platz von Fakten einnehmen. «Am Abgrund», «Nervenprobe»,
«Eine Minute bis Mitternacht»: Wie in den 1960er Jahren wird
die Kuba-Krise als Kriminalgeschichte aufbereitet, ohne Vorher und Nachher, auf die berühmten 13 Tage im Oktober 1962
und mitunter auf einen einzigen Tag fixiert, den berüchtigten
«Schwarzen Samstag».

Zwar gibt es keinen Grund, die Risiken dieser Konfrontation
in Abrede zu stellen. Wer Apparate in der eingangs beschrie-
benen Dimension in Bewegung setzt, muss mit unangenehmen
Überraschungen und letzten Endes auch mit Kontrollverlust
rechnen. Je mehr Akteure im Spiel sind, desto größer ist die
Wahrscheinlichkeit von Eigenmächtigkeiten, Fehlwahrnehmun-
gen oder schlicht Missverständnissen. John F. Kennedy brachte
es auf den Punkt, als ihn an einem hektischen Tag obendrein die
Nachricht vom Irrflug eines U-2-Aufklärers über der UdSSR erreichte: «Es gibt immer irgendeinen Hurensohn, der nicht mitbekommt, was Sache ist.» Aber Dramatisierungen sind gleichermaßen fehl am Platz. Geschichte wird nicht von Autopiloten
dirigiert, eine auf Kuba getroffene Entscheidung musste nicht
zwingend einen andernorts vorbereiteten Gewaltfahrplan aktivieren. Das marktgängige Kokettieren mit dem Weltuntergang
trägt zum Verständnis komplexer Zusammenhänge wenig, zur
Legendenbildung umso mehr bei.

Legenden sind seit Jahrzehnten die Krux der Geschichte. Wie
Mehltau liegen sie über den Erzählungen zur Kuba-Krise, in die
Welt gesetzt keine sechs Wochen nach dem Rückzug der sowjetischen Raketen. John F. Kennedy persönlich sorgte dafür, dass
über seinen Freund Charles Bartlett Anfang Dezember 1962
die gewünschte Lesart ihren Weg in die *Saturday Evening Post*
fand. Erstens: Man wurde von den Russen im Oktober kalt er-
wischt, niemand hatte mit einem solchen Schritt gerechnet, und
von der Unberechenbarkeit Chruschtschows abgesehen gibt es
keine andere Erklärung. Zweitens: Wer Moskau in die Schran-

ken weisen will, muss sich die Lektionen der 1930er Jahre zu eigen machen und falschen Kompromissen widerstehen; einzig unnachgiebige Härte führt zum Erfolg. Drittens: John F. Kennedy leitete eine Gruppe abgeklärter Krisenmanager von kühler Vernunft und souveränem Überblick, Männer mit eisernen Nerven und moralischem Gewissen; die Welt aus der Gefahrenzone herausgelotst zu haben, ist hauptsächlich, wenn nicht einzig ihr Verdienst. Dieser Dreiklang wurde seither in der akademischen Literatur immer wieder variiert. Mehr als andere und mit ausnehmend nachhaltigem Erfolg waren Historiker aus Harvard darauf bedacht, dem großen Sohn von Massachusetts einen immergrünen Lorbeerkranz zu flechten. Bei ihnen bedienten sich im Jahr 2000 auch die Drehbuchautoren von «Dreizehn Tage», als sie Kevin Costner die Worte in den Mund legten: «Jack und Bob sind clevere Jungs. [...] Es gibt niemanden, dem ich lieber das Leben von Helen anvertrauen würde und das der Kinder.» Von kriegstreiberischen Militärs und ignoranten Kongressabgeordneten bedrängt, blieben Costners Helden prinzipienfest – «und wenn diese Regierung die Toilette runtergespült wird».

Sich der Kuba-Krise auf ein Neues zu nähern, heißt also in erster Linie, Sichtachsen in einem überwucherten Terrain freizulegen. Vor allem aber muss es um eine ausgewogene Justierung der Gewichte gehen. In diesem Sinne gebührt der Vorgeschichte besondere Aufmerksamkeit, insbesondere der Frage, weshalb der «Regimewechsel» auf Kuba sich von einer politischen Option zu einer psychologischen Obsession auswuchs. Obsessiv ist keineswegs ein auf John F. Kennedy allein gemünztes Attribut; in der einen oder anderen Weise trifft es auch auf Nikita Chruschtschow und Fidel Castro zu. Dass ausgerechnet diese drei Männer sich als Kontrahenten begegneten, ist ein lange Zeit unterschätzter Umstand. Vieles spricht sogar dafür, dass es mit einer anderen Besetzung an den Staatsspitzen überhaupt nicht zu einer Krise gekommen wäre. Andererseits hing die Krisenpolitik im engeren Sinne, die Entscheidungsfindung im Laufe der 13 Tage also, von vielfältigen Faktoren jenseits der Hauptprotagonisten ab. Wie es um die Rolle des Militärs und der Geheimdienste bestellt war, welchen Handlungsspielraum man untergeordneten Kommandeuren einräumte, inwieweit fehlerhafte Informationen oder gestörte Kommunikation eine Rolle spielten, ob man sich Ausstiegsszenarien zurechtgelegt hatte und welche Risiken vorsätzlich eingegangen wurden – dergleichen wird bei der Bewertung der turbulenten Oktobertage vorrangig zu würdigen sein. Schließlich und endlich sollte die Nachgeschichte nicht als bloßer Nachklapp in Erscheinung treten. Die Krise wurde am 28. Oktober zweifelsohne entschärft; von einer Beilegung hingegen konnte bis weit in den Dezember hinein keine Rede sein. Und ob von einer Wende im Kalten Krieg gesprochen werden sollte, erscheint mehr als zweifelhaft. Denn auf allen Seiten wurden Lehren gezogen, die in späteren Jahren den Kalten Krieg aufs Neue anheizen sollten. Darin liegt, jenseits der Aufregung und Aufgeregtheiten vom Oktober 1962, die eigentliche Bedeutung der Kuba-Krise.

Vorgeschichte

«Unmöglich ist nichts. Es gibt nur unfähige Menschen.»
(Fidel Castro)

Ende November 1956 machen sich 83 Guerilleros mit einem viel zu kleinen Schiff, der später legendären «Granma», von Mexiko nach Kuba auf. Dass sie wenige Tage später die Insel tatsächlich erreichen, grenzt an ein Wunder. «Das war keine Landung», so einer der Beteiligten, «das war ein Schiffbruch.» Die Truppe verliert 61 Mann durch Tod und Verhaftung, dennoch erklärt ihr Führer: «Jetzt werden wir den Krieg gewinnen. Der Kampf kann beginnen.» Jeder andere wäre wahrscheinlich ausgelacht worden. Fidel Castros Auftreten indes, eine Mischung aus Schwärmerei und Fanatismus, erstickt jeden Zweifel. Man zieht sich in die Sierra Maestra zurück, liefert sich Scharmützel mit der Armee, verübt Sabotageakte und hofft auf die Unterstützung der Unterdrückten und Entrechteten. Auf knapp 3000 Mann wächst die «Befreiungsarmee» in den nächsten Monaten an, genug, um den verhassten Despoten Fulgencio Batista am Neujahrstag des Jahres 1959 zum Rückzug zu zwingen und tags darauf triumphierend in Havanna einzuziehen.

Der Anfang der Geschichte klingt wie eine Posse und leuchtet dennoch ein. Kubas moralische und politische Reserven waren verbraucht. Batista, in wechselnden Rollen seit den 1930er Jahren die Schlüsselfigur einer auf Intrigen gegründeten Macht, hatte am Ende sogar Teile der eigenen Armee gegen sich aufgebracht. Die Mehrheit im Lande wollte einen Wechsel, vermochte es aber nicht, ihrem Wunsch politische Gestalt und Richtung zu geben. Ganz anders Fidel Castro: Der begnadete Redner, im Umgang mit Massenmedien schon damals gewieft, zelebrierte Kubas Aufbruch in eine selbstbestimmte Zukunft wie ein religiöses Hochamt: «Patria o muerte», «Vaterland oder Tod». Obendrein spielte er die untereinander zerstrittenen Oppositionsgruppen erfolgreich gegeneinander aus – entgegenkommend, wenn ihm keine andere Wahl blieb, skrupellos, sobald sich die Gelegenheit bot. Chaos, das Unvermögen der Anderen, Zufall und schieres Glück bestellten einem charismatischen Hasardeur das Feld.

Kuba – Symbol des Kalten Krieges

Welche Absichten Fidel Castro in der Frühphase der Revolution verfolgte, ist eine nach wie vor umstrittene Frage. Die Einen sehen ihn als in der Wolle gefärbten Kommunisten, der aus taktischen Gründen Zurückhaltung üben wollte, um die Konsolidierung seiner Macht nicht unnötig zu gefährden. In der Tat hofierte er den kommunistischen Flügel seiner «Bewegung 26. Juli» und verhalf Kadern der Sozialistischen Volkspartei (PSP) zu einem raschen politischen Aufstieg, ganz zu schweigen von seinen engsten Freunden und Weggefährten Raul Castro, Emilio Aragones und Ernesto «Che» Guevara, die schon damals aus ihrer Verehrung Stalins keinen Hehl machten. Andererseits gibt es ebenso gute Gründe für die Behauptung, dass Castro weder damals noch zu einem späteren Zeitpunkt irgendeiner Ideologie, sondern immer nur sich selbst verpflichtet war. Von einem glaubhaften Nationalismus abgesehen, trat er hauptsächlich als selbstverliebter «Fidelista» in Erscheinung, als erster und wortgewaltigster Vertreter seiner selbst, dem persönliche Anerkennung und uneingeschränkte Macht über alles ging.

In Washington forderten derweil alte Reflexe ihren Tribut, Reminiszenzen an das 1901 vom US-Kongress reklamierte und ein Jahr später tatsächlich in der kubanischen Verfassung verbriefte Recht der Vereinigten Staaten, sich jederzeit auf der Insel einmischen zu dürfen. Dass Kuba im Zeichen dieses so genannten «Platt-Amendment» jahrzehntelang wie ein Protektorat behandelt wurde und dass zur Sicherung nordamerikanischer Wirtschafts- und Militärinteressen zwischen 1906 und 1923 wiederholt Marines auf die Insel entsandt wurden, lag nahe. Die zwischenzeitlich von Franklin D. Roosevelt proklamierte, auf Gleichberechtigung gründende «Politik der guten Nachbarschaft» war mit Beginn des Kalten Krieges Makulatur. 1954 sorgten die USA auf einer Konferenz der Organisation Amerikanischer Staaten in Caracas dafür, dass ihr Anspruch auf Intervention erneut bekräftigt und auf Lateinamerika als Ganzes ausgeweitet wurde, zwecks «Abwehr der internationalen kommunistischen Bewegung», wie es in der Sprache der Zeit hieß. Vor diesem Hintergrund machte sich kaum jemand in der Administration Eisenhower für eine Politik des Abwartens stark. Kurz: Castro musste weg, ehe er mit seinen Ideen eines unabhängigen Entwicklungsweges auch andernorts für Unruhe sorgte.

Anfang März 1959, gut acht Wochen nach dem Sieg der Rebellen, stand der «Regimewechsel» in Havanna erstmals auf der Tagesordnung des Nationalen Sicherheitsrats in Washington. Zu einer Zeit, als von einer kubanisch-sowjetischen Liaison keine Rede sein konnte und Nikita Chruschtschow dem Vernehmen nach über Fidel Castro noch die Nase rümpfte, skizzierten Mitarbeiter der CIA, des Außen- und Verteidigungsministeriums sowie des Weißen Hauses bereits in Umrissen Amerikas künftige Kuba-Politik: Exilkubaner militärisch ausbilden und auf eine Invasion vorbereiten, Saboteure einschmuggeln, Oppositionelle auf Kuba unterstützen und ein Klima allgemeiner Unzufriedenheit schaffen, Pläne für ein militärisches Eingreifen der USA und nicht zuletzt für die Ermordung Fidel Castros parat halten. Die gesamte Führungsspitze zu ermorden, galt schon bald als Voraussetzung eines erfolgreichen Putsches und rückte auf der Agenda sukzessive nach oben – Szenarien vorwegnehmend, die auch für den Kongo unter Patrice Lumumba und mit Blick auf Rafael Trujillo in der Dominikanischen Republik ausgearbeitet wurden.

Die Umsetzung dieser Vorgaben ist weithin bekannt, vorweg die Rekrutierung von ungefähr 1500 Söldnern, überwiegend Exilkubanern, die seit Herbst 1960 in Guatemala ihre Landung auf Kuba trainierten. Dass die CIA zeitgleich Widerständler im Südosten der Insel aus der Luft mit Waffen versorgte und vielerorts Tonnen von Gewehren, Munition und Granaten in Bunkern deponierte, dass binnen eines Jahres über 1000 Bomben und Brandsätze gezündet wurden, die schätzungsweise 300 000 Tonnen Zucker nebst Dutzenden von Tabaklagern vernichteten, ist ebenfalls gut dokumentiert. Andere, gleichermaßen seriös recherchierte Facetten amerikanischer Politik sorgen indes noch immer für Erstaunen. Gemeint ist in erster Linie Washingtons Verbindung zum organisierten Verbrechen. Ende August 1960 nahm die CIA mit ausdrücklicher Billigung des Behördenchefs Allan Dulles Kontakt zu Santos Trafficante, Meyer Lansky, Johnny Rosselli und Sam Giancana auf, Mafiagrößen, denen man wegen verloren gegangener Bordelle und Kasinos ein Motiv für die Ermordung Castros zuschrieb. Es war der Beginn einer langjährigen Geschäftsbeziehung, über die aus naheliegenden Gründen nur in Ausnahmefällen Buch geführt wurde. Offiziell bekennt sich die CIA für die Zeit von 1960 bis 1965 zu acht Mordversuchen; der kubanische Geheimdienst zählt bis heute deren 638.

Im Sommer und Herbst 1960 wurde die «kubanische Gefahr» zum Reizthema im Wahlkampf um das Weiße Haus. Beide Kandidaten – John F. Kennedy für die Demokraten, Richard Nixon für die Republikaner – hatten insofern leichtes Spiel, als Castro die düstersten Prognosen zu bestätigen schien: Militärgerichte und Revolutionstribunale verurteilten allein im ersten Jahr seiner Herrschaft 1900 politische Gegner zum Tode, die 1960 forcierte Enteignung ausländischer Industrie-, Handels- und Agrarunternehmen sowie die Verstaatlichung der Banken kostete große amerikanische Unternehmen, von Esso über Procter & Gamble bis zur Chase Manhattan Bank, weit über eine Milliarde Dollar an Investitionen. Kennedy gab sich mit dergleichen gar nicht mehr ab; er erklärte Kuba kurzerhand zu einer militärischen Bedrohung für die Vereinigten Staaten. Zum ersten Mal war von «roten Raketen» und von der Möglichkeit die Rede, dass Kuba zu einem riesigen Flugzeugträger vor Floridas Küste hochgerüstet werden könnte. «In den nächsten Monaten wird der Kampf gegen Castro nicht nur in den Bergen von Kuba stattfinden», so Kennedy weiter, «sondern überall in den Bergen, in den Ebenen und Tälern Lateinamerikas.»

Nikita Chruschtschow machte sich verblüffend ähnliche Gedanken. Kuba war für ihn, wie auch für John F. Kennedy, ein Synonym für die Dritte Welt und Stichwort zur Diskussion eines außenpolitischen «Grand Design». In Europa waren die Einflusszonen von sozialistischer und kapitalistischer Welt unverrückbar festgelegt, dort lieferte man sich nur noch nutzlose Propagandaschlachten. In den politisch erwachenden Räumen Lateinamerikas, Südostasiens und Afrikas hingegen wurde über die Zukunft der beiden Machtblöcke entschieden. Kennedy leitete aus diesem Befund einen langen Forderungskatalog für seine Präsidentschaft ab: Guerilla-Bekämpfung, flexible Einsatztruppen, Ausbau der Luftlandekapazitäten, Spezialeinheiten, «verdeckte Operationen». Seine Landsleute stimmte er derweil auf die Entbehrungen eines jahrelangen Kampfes im «Zwielicht» ein. «Jeden Preis zu zahlen» und «jede Last zu schultern» – solche Formulierungen hatte auch Chruschtschow im Repertoire. Er schöpfte es Anfang 1961 in einer Rede vor Propagandisten und Ideologen der KPdSU bis zur Neige aus, adelte die «unvermeidlichen Kriege nationaler Befreiung» als «heilige Kriege» und die militärische Unterstützung dieser Befreiungsbewegungen mithin zur heiligen Pflicht der Sowjetunion. Hier wie dort sollte die byzantinische Rhetorik ernst genommen werden. Kennedy und Chruschtschow sahen sich nicht nur in einem Wettstreit untereinander, sondern mehr noch in einem Wettlauf gegen die Zeit. Mit Blick auf Lateinamerika übten beide dasselbe Mantra: Den Kalten Krieg würde man dort zwar nicht gewinnen, wohl aber verlieren können.

Dementsprechend setzte Chruschtschow auf eine offensive Kuba-Politik. Ende September 1959 bewilligte er das kubanische Ersuchen, in Polen mit sowjetischer Lizenz produzierte Waffen kaufen zu dürfen. Experten des Außenministeriums und des Außenwirtschaftlichen Ausschusses des Zentralkomitees der KPdSU hatten diese Bitte ursprünglich mit Nachdruck zurückgewiesen und in Abwesenheit des Parteichefs sogar das Politbüro auf ihre Seite gezogen: Waffenlieferungen an Kuba würden die Beziehungen zu den USA belasten und könnten gar den Vorwand für eine Intervention liefern. Überzeugt, dass

Eisenhowers Engstirnigkeit eine einmalige Chance bot, setzte sich Chruschtschow über seinen Apparat hinweg. Damit war der Weg frei für Verträge, die im Laufe des folgenden Jahres im Monatsrhythmus unterschrieben wurden: ein Handels- und Kreditabkommen im Februar 1960, im März und April die Übereinkunft, dass Kuba 100 000 automatische Gewehre und 30 Panzer aus tschechischen Beständen zum Geschenk gemacht werden, im Mai die Aufnahme diplomatischer Beziehungen, im Juni ein weiteres Militärhilfeprogramm, im Juli die Übernahme eines von den USA kurzfristig gekündigten Kontingents von 700 000 Tonnen Zucker pro Jahr. Mit guten Gründen galt Kuba im Sprachgebrauch des KGB fortan als «Avanpost» oder Brückenkopf.

«Die sowjetische Artillerie kann dem kubanischen Volk durchaus helfen, wenn die aggressiven Kräfte im Pentagon wagen sollten, eine Intervention gegen Kuba zu starten. Wir haben Raketen, die man präzise in ein 13 000 Kilometer entferntes Ziel steuern kann.» Wie so oft gab Chruschtschow mit dieser Erklärung vom 9. Juni 1960 Rätsel auf. Sterben für Havanna? Wollte er tatsächlich eine Sicherheitsgarantie aussprechen und den sowjetischen Atomschirm über Osteuropa hinaus auf die Karibik erweitern? Wohl kaum. Wie er wenig später anmerkte, sollten seine Worte als «symbolische Drohung» und als Beglaubigung politischer Interessen verstanden werden. Im Herbst 1960 nutzte Chruschtschow die größte Bühne zur Demonstration sowjetisch-kubanischer Solidarität, die Vollversammlung der Vereinten Nationen. Seine Auftritte in New York, vor allem der nächtliche Besuch bei Fidel Castro in einem heruntergekommenen Hotel in Harlem, wurden von Zeitgenossen zu Recht als seltsam oder bizarr bezeichnet. Die politische Botschaft indes fiel unmissverständlich aus: Die Sowjetunion hatte nicht nur politisches Kapital in erheblichem Umfang auf Kuba investiert. Moskau war auch jederzeit zur Aufstockung dieses Kapitals bereit und in der Lage – je nachdem, wie sich die amerikanische Konkurrenz verhalten würde.

Am Morgen des 15. April 1961 donnern B-26 Bomber, geflogen von Exilkubanern, im Tiefflug über Stützpunkte der kubanischen Streitkräfte. Ihr Ziel: Castros Kampfflieger ausschalten, um die «Brigade 2506», die zeitgleich zu einer amphibischen Landung auf Kuba ansetzt, vor Luftangriffen zu schützen. Der doppelte Schock einer Invasion und der Ermordung Fidel Castros durch gedungene Mafia-Killer soll den lang ersehnten «Regimewechsel» ermöglichen. Die Attacke der B-26 ist ein Fehlschlag, man trifft nur die Hälfte der vorgesehenen Ziele, die Invasoren verlangen von ihren amerikanischen Koordinatoren einen zweiten Angriff, John F. Kennedy aber weist das Ansinnen zurück. Obwohl die Maschinen keine amerikanischen Hoheitszeichen tragen, fürchtet er, dass die USA als Drahtzieher identifiziert werden – ein Risiko, das der Präsident mit Rücksicht auf das Image seines Landes in Lateinamerika nicht eingehen will. Kurz darauf wird die «Brigade 2506» entlang der «Schweinebucht» eingekesselt und von ihrem Nachschub abgeschnitten. In höchster Not erlaubt Kennedy in der Nacht zum 19. April schließlich den Einsatz von sechs Kampfjets der US-Marine. Aber diese Rettungsaktion wird wegen diverser Koordinierungsprobleme nicht mehr rechtzeitig durchgeführt. In Sichtweite des Flugzeugträgers Essex gehen 1189 Mann von der «Brigade 2506» – 114 waren gefallen oder ertrunken – in Gefangenschaft.

Die «Operation Zapata» gilt zu Recht als Gipfel geheimdienstlichen Unvermögens. Der Generalinspekteur der CIA, Lyman Kirkpatrick, bezeichnete sie in seinem Ende 1961 erstellten Untersuchungsbericht gar als «wahnsinnig». «Die Agency marschierte vorwärts, ohne genau zu wissen, was sie tat.» John F. Kennedy verbreitete mit viel Aufwand die Geschichte eines getäuschten, bewusst in die Irre geführten Präsidenten. Bei Lichte besehen beglich er freilich nur den Preis eines «Krieges im Zwielicht». Es war Kennedy, der seine Geheimdienste zu schnellen Erfolgen drängte und mit seinem Drängen eine ohnehin vorhandene Neigung zum Aktionismus zusätzlich beförderte. Statt ihren klassischen Aufgaben als Nachrichtenagentur nachzukommen, sollte die CIA in erster Linie als Interventionsagentur auftreten und Aufträge einer Schattenarmee wahrnehmen. Hatte das Hauptquartier in Langley zwischen 1954 und

1960 insgesamt 170 Geheimaktionen in 48 Staaten durchgeführt, so waren es in drei Jahren Kennedy knapp doppelt so
viele. Die Kuba-Aktion war nicht besser oder schlechter vorbereitet als die meisten dieser Unternehmungen. Ungewöhnlich
war nur, dass die Weltöffentlichkeit Zeuge eines grandiosen
Scheiterns wurde.

Vor aller Augen gescheitert zu sein, löste in Washington beispiellose Niedergeschlagenheit und Wut aus. Ob dem Schaden
für das Prestige der Nation oder der gekränkten Ehre John
F. Kennedys größeres Gewicht beigemessen wurde, wussten
selbst Eingeweihte nicht zu entscheiden. Castro, so viel stand
fest, war jetzt weniger denn je hinnehmbar. Zugleich dachte der
Präsident laut über ein härteres Auftreten gegenüber Chruschtschow nach. Moskau sollte erst gar nicht auf die Idee kommen,
die USA für schwach zu halten und an allen möglichen Orten in
der Dritten Welt auf die Probe zu stellen. «Ich habe ein riesiges
Problem», offenbarte Kennedy kurze Zeit später einem befreun-
deten Journalisten. «Er [Chruschtschow] glaubt wohl, ich hätte
keinen Mumm. [...] Wenn er glaubt, ich sei unerfahren und
hätte keinen Mumm, dann werden wir mit ihm keinen Schritt
weiterkommen, bis wir diese Vorstellungen widerlegt haben.
Also müssen wir handeln.»

Chruschtschow seinerseits machte eine umgekehrte Rechnung auf: Ab sofort musste mehr denn je zur Stärkung Fidel
Castros unternommen werden. Wie Kennedy wähnte er sich in
einer Glaubwürdigkeitsfalle. Ein «Verlust Kubas» würde das
sowjetische Ansehen nicht allein in Lateinamerika, sondern in
der gesamten Welt beschädigen, würde die Zuverlässigkeit als
Bündnispartner in Frage stellen und obendrein Maos Spott über
den russischen «Papiertiger» beglaubigen. Kurz: Zu befürchten
war ein «furchtbarer Rückschlag für den Marxismus-Leninis-
mus», die politische Höchststrafe für einen Vorsitzenden der
KPdSU.

Fidel Castro gefiel sich in der Rolle des von den «Yankees»
bedrängten «Underdog». Keine zwei Wochen nach der «Schweinebucht» ließ er auf dem Plaza de la Revolución in Havanna die
«Internationale» spielen – zur Bekräftigung seiner Aussage, dass

nur der Aufbau des Sozialismus und der Export des kubanischen Modells die USA vor einer neuerlichen Invasion abschrecken könnten. Die in Aussicht gestellten Wahlen sagte er bei dieser Gelegenheit ab: «Die Revolution hat keine Zeit an einen solchen Unsinn zu verschwenden.» Im Sommer 1961 schließlich wurde die «Bewegung 26. Juli», Castros politische Hausmacht, auf sein Geheiß mit der Sozialistischen Volkspartei (PSP) und dem Revolutionären Direktorium zur «ORI» («Integrierte Revolutionäre Organisationen») vereinigt. Der erste Schritt auf dem Weg zu einer Kommunistischen Partei Kubas war getan.

Insgesamt können die politischen Folgen der «Schweinebucht» gar nicht hoch genug veranschlagt werden. Auf allen Seiten ist eine Flucht nach vorne zu beobachten, ein Wille zum «Showdown», als hingen Glaubwürdigkeit und Durchsetzungskraft für immer und ewig davon ab, keinen Fußbreit nachzugeben. Hinzu kommt, dass die Schlüsselpositionen mit Politikern frappierend ähnlichen Zuschnitts besetzt waren. Kennedy, Chruschtschow und Castro – alle drei neigten dazu, komplexe Zusammenhänge auf eine Frage der persönlichen Ehre zu reduzieren. Man könnte auch von einer Huldigung des Duells sprechen oder einer Vorliebe, den Gegner zu Kreuze kriechen zu sehen. Darin liegt die Brisanz der Beobachtung, dass Kuba seit dem Frühjahr 1961 zum Inbegriff des Kalten Krieges und zu einem Prestigeobjekt wie West-Berlin wurde.

Kennedy, Chruschtschow, Castro

«Siegen! Siegen um jeden Preis», heißt eine der zahllosen Erzählungen über die Kennedys. 1917 in eine Familie hineingeboren, die unnachgiebige Härte als Primärtugend und immer der Erste zu sein als Lebensziel hochhielt, schien John Fitzgerald lange Zeit nicht mithalten zu können. Chronische Krankheiten setzten ihm derart zu, dass er seit jungen Jahren nur mit einem täglichen Cocktail aus allerlei Medikamenten über die Runden kam. Trotzdem schlug er eine politische Karriere ein – um sich selbst zu beweisen, wie manche meinen; um des Vaters Traum von einem Präsidenten Kennedy zu erfüllen, wie die meisten glauben. Was immer den Ausschlag gegeben haben mag, als Figur des öffentlichen Lebens kultivierte er ein über die Maßen viriles Image. Schwäche zu zeigen oder als schwach und unentschlossen wahrgenommen zu werden, galt als unverzeihlicher Fehler; nur wer sich in Kriegen oder Krisen behauptet hatte, durfte als großer Staatsmann gelten. Von dieser Maxime war der Karriereplan bestimmt, von ihr lebte die Inszenierung seiner Amtszeit als 35. Präsident der Vereinigten Staaten, die «JFK» nach einem äußerst knappen Wahlsieg im Januar 1961 antrat.

Nach dem «Schweinebucht»-Fiasko setzten «Jack» und «Bobby» Kennedy eine Familien-Vendetta gegen Fidel Castro in Gang. Robert Kennedy – auf dem Papier nur Justizminister, tatsächlich aber wichtigster Vertrauter, Auge und Ohr des Präsidenten – übernahm wie gehabt die Rolle des Ausputzers und Einpeitschers. Rüde, ungehobelt und skrupellos, wenn es die Interessen des großen Bruders zu verteidigen galt, brachte er die für Kuba Zuständigen auf die gewünschte Linie: Castro ist wichtiger als der Kongo und Vietnam und steht an erster Stelle der Dritte-Welt-Politik; ohne einen «Regimewechsel» auf Kuba kann die Regierung Kennedy nicht überleben; jeder Tag, der ungenutzt verstreicht, ist ein verlorener Tag, denn die Zeit arbeitet für Castro: Robert Kennedy ließ keine Gelegenheit zur Verbreitung dieser Agenda aus. Er deckte die Bürokratie mit einschlägigen Memoranden ein, trieb den zur Untersuchung der «Schweinebucht» einberufenen Ausschuss zur Eile und rief Zweiflern ein ehernes Gesetz seiner Familie in Erinnerung: Wer nicht für uns ist, ist gegen uns. Ob Loyalität eingeklagt oder andere Mittel angewendet wurden, spielt letztlich keine Rolle. Die Kennedys terrorisierten ihr Umfeld.

Keine Spuren ins Weiße Haus zurückverfolgen zu können, ist ein ehernes Gebot verdeckter Operationen. Zumal, wenn ständig von der «Eliminierung» eines Ziels die Rede ist. Doch in Sachen Castro gibt es derart viele Indizien, dass von einer unmittelbaren Beteiligung der «obersten Autorität» ausgegangen werden muss. Wie den Recherchen von Parlamentariern, Journalisten und Historikern seit den 1970er Jahren zu entnehmen ist, waren John F. Kennedy und sein Bruder mit den Details von

«Executive Action», «ZR/RIFLE» oder «Operation Condor» vertraut – Pläne zur Ermordung Fidel Castros, die von der «Task Force W» und anderen Sondereinheiten der CIA ausgearbeitet worden waren. Nicht nur traten die Kennedys als treibende Kraft auf, ungeduldig zu schnellem Handeln und auf raschen Erfolg drängend. Sie arbeiteten der CIA offenbar auch persönlich zu. Im Laufe des Jahres 1961 pendelte die damalige Geliebte des Präsidenten, Judith Campbell Exner, mindestens zehn Mal zwischen Washington und Chicago, hinterlegte Nachrichten bei den Mafiabossen Sam Giancana und Johnny Rosselli und brachte deren Antworten zurück ins Weiße Haus. Wie Campbell Exner Mitte der 1990er Jahre bekräftigte, ging es in allen Fällen um die Arbeitsteilung zwischen CIA und «Mob» beim Mord an Fidel Castro. Gewiss hatte John F. Kennedy auch vieles andere mit Giancana zu besprechen, nicht zuletzt den Umstand, dass die Mafia mit Wahlfälschungen in Illinois entscheidend zu Kennedys Sieg über Richard Nixon beigetragen hatte. Für die Plausibilität von Campbell Exners Behauptung indes sprechen ähnliche Initiativen von Robert Kennedy im Jahr darauf. Unzufrieden mit dem Status der Kuba-Operationen, ernannte er einen CIA-Agenten zu seinem persönlichen Botschafter. Dessen Auftrag blieb bis Ende 1963 unverändert: Kontaktpflege zur Mafia in den USA und Kanada.

Seit November 1961 firmierten die Mord- und Umsturzpläne unter einem exotischen Namen: «Operation Mongoose» (Manguste). Auf Drängen Robert Kennedys, für dessen Geschmack die CIA zu schwerfällig und einfallslos agierte, wurde Brigadegeneral Edward Lansdale mit der Koordination betraut. Lansdale hatte von Lateinamerika nicht die Spur einer Ahnung; aber der Umstand, dass er sich in den frühen 1950er Jahren bei der Bekämpfung kommunistischer Guerillas auf den Philippinen einen legendären Namen gemacht hatte und um unkonventionelle Ideen nie verlegen war, verschaffte ihm den neuen Job. Als Vorsitzender einer interministeriellen «Special Group – Augmented» (SGA) behielt Robert Kennedy die Oberaufsicht über «Mongoose» und alle weiteren Kuba-Aktivitäten, unterstützt von den wichtigsten Köpfen der Administration Kennedy: Mc-

George Bundy (Nationaler Sicherheitsberater), Maxwell Taylor und Lyman Lemnitzer (Vereinte Stabschefs), John McCone (Direktor der CIA), Robert McNamara und Roswell Gilpatric (Verteidigungsminister und dessen Stellvertreter), Dean Rusk (Außenminister) und U. Alexis Johnson (Staatssekretär im Außenministerium) sowie Douglas Dillon (Finanzminister). Als wäre die Zusammensetzung dieser Gruppe nicht schon Botschaft genug, unterstrich Robert Kennedy Mitte Januar 1962 noch einmal die Dringlichkeit der Kubafrage im Namen seines Bruders: «Alles andere ist jetzt zweitrangig. Es wird weder an Zeit, Geld, anderen Aufwendungen oder Arbeitskraft gespart.»

«Mongoose» entwickelte sich tatsächlich zu einem der größten und am besten ausgestatteten Unternehmen, die je von amerikanischen Geheimdiensten in der Dritten Welt durchgeführt wurden. 600 CIA-Agenten wurden Ende 1961 auf dem Campus der Universität von Miami zusammengezogen; mehr Personal arbeitete nur am Hauptsitz der «Firma» in Langley. Man sammelte einschlägige Daten, koordinierte Guerilla- und Sabotageeinsätze und setzte Pläne für die wirtschaftliche Strangulierung der Insel um. Damit die im Februar 1962 verhängte totale Wirtschaftsblockade befolgt und Kuba vom Zugang zu sämtlichen lebenswichtigen Produkten abgeschnitten wurde, spannte die CIA auch den Gewerkschaftsdachverband AFL-CIO, die Internationale Transportarbeitergewerkschaft sowie ausländische Tochterunternehmen amerikanischer Konzerne ein. Sie sollten das Löschen von Schiffen und den Abschluss von Handelsverträgen mit Drittländern hintertreiben. Wie erfolgreich diese Bemühungen waren, ist schwer zu sagen; auch über die Aktivitäten der diversen Terrorgruppen liegen keine verlässlichen Angaben vor. Aber zweifellos hing Kubas Wirtschaft seit dieser Zeit am Tropf der UdSSR. Und ebenso sicher ist, dass mit «Operation Mongoose» ein weiteres, vielleicht sogar das wichtigste Kapitel in einem Abnutzungskrieg zwischen «Roten» und «Weißen» geschrieben wurde – einem Krieg, der bis zum Jahr 1965 auf jeder Seite angeblich 3500 Tote forderte.

Die Pointe von «Operation Mongoose» war die Forderung nach einem amerikanischen Militäreinsatz. Zumindest in diesem Punkt war sich Edward Lansdale mit dem Chef der CIA, John McCone, und dem neuen Vorsitzenden der Vereinten Stabschefs, Maxwell Taylor, einig: «Mongoose» würde im Idealfall einen Volksaufstand lostreten; Castros Sicherheitsbastionen aus Miliz, Polizei und Militär ließen sich aber nur mit US-Bodentruppen stürmen. In diesem Sinne meldeten sich die Stabschefs sämtlicher Waffengattungen Monat für Monat zu Wort. «[Wir] sind der Meinung, dass das kubanische Problem in allernächster Zeit gelöst werden muss», erklärten sie Anfang April 1962. «Die Vereinigten Staaten können nicht tolerieren, dass sich eine kommunistische Regierung auf Dauer in der westlichen Hemisphäre etabliert.» Die führenden Militärs des Landes gingen über ihre Rolle als militärische Ratgeber des Präsidenten weit hinaus. Als hätten Verfassungsväter und Gesetzgeber nie auf die strikte Trennung von Zivil und Militär Wert gelegt, warfen sie ihr ganzes Gewicht für eine politische Empfehlung in die Waagschale.

Sollte «Mongoose» nicht im Laufe des Jahres 1962 die gewünschten Erfolge zeitigen, empfahlen die «Joint Chiefs of Staff» im März 1962 einen legitimen Kriegsgrund vorzutäuschen und sodann Truppen auf den Weg zu schicken. Gefragt waren kriminelle Energie und jede Menge gefälschter Beweise. Man könnte Kubaner für Anschläge auf den US-Stützpunkt Guantanamo, auf amerikanische Schiffe oder für Flugzeugentführungen verantwortlich machen; oder Bombenanschläge auf Flüchtlingsschiffe aus Kuba und in diversen Großstädten verüben – vorausgesetzt, die Zahl amerikanischer Opfer hielt sich in Grenzen; oder Felder in der Dominikanischen Republik in Brand schießen und zum «Beweis» im Ostblock hergestellte Zünder zurücklassen. Möglich wäre auch, ein leeres Passagierflugzeug per Fernsteuerung an den kubanischen Luftraum heranzuführen, auf internationalen Frequenzen einen MiG-Angriff zu melden, das Flugzeug durch Funkbefehl zu sprengen, den angeblichen Opfern fiktive Namen zu geben und in amerikanischen Tageszeitungen zu publizieren. Der weltweite Ruf nach Vergeltung, dessen war man sich im Pentagon gewiss, würde nicht auf sich warten lassen.

Tagträume dieser Art belegen auf ihre Weise, dass die Invasionspläne für Kuba keineswegs nur für die Schublade geschrieben wurden. OPLAN 314-61 und OPLAN 316-61 hießen die Einsatzrichtlinien, die seit Anfang 1962 im Auftrag des Weißen Hauses aktualisiert wurden. Der Präsident wünschte, dass nach seinem Befehl eine Landung auf Kuba innerhalb von zwei bis vier Tagen durchgeführt werden konnte. Im April 1962 hatten die operativen Stabsstellen ihre Arbeit beendet. Bereits zu diesem Zeitpunkt standen Einheiten aller Waffengattungen für einen sofortigen Einsatz bereit, darunter zwei Luftlandedivisionen der Armee und zwei Divisionen des Marine Corps. Den Ernstfall übte man bis Mitte Oktober 1962 drei Mal: Anfang April mit 40 000 Mann vor den Küsten North Carolinas und Puerto Ricos («Lantphibex-62»), im August mit 65 000 Mann («Swift Strike II») und Mitte Oktober mit 7500 Marines und über 40 Kriegsschiffen auf der Insel Vieques vor Puerto Rico, Codename «ORTSAC» oder «CASTRO» in umgekehrter Buchstabenfolge. Ob und unter welchen Umständen er eine Invasion befehlen würde, ließ Kennedy offen. Verteidigungsminister McNamara räumte dreißig Jahre später ein: «Wenn ich damals ein kubanischer Führer gewesen wäre, hätte ich eine US-Invasion erwartet. [...] Und wenn ich ein sowjetischer Führer gewesen wäre, wäre ich wohl zu demselben Schluss gekommen.»

Die Kennedys hatten also ebenso zahlreiche wie gewichtige Mitstreiter. Trotzdem: Weder der Hinweis auf das beratende Umfeld noch auf die lange Tradition amerikanischer Besitzansprüche gegenüber Kuba können die Obsession des Weißen Hauses hinreichend erklären. Selbst wenn man die aufgeheizte Stimmung des Kalten Krieges, die Kampagne der Republikaner, die verleumderische Frage nach den Verantwortlichen für den «Verlust Kubas» oder Ähnliches in Rechnung stellt – es bleibt ein schwer erklärbarer Rest. Wieso hielten der Präsident und sein Bruder an einem Phantasten wie Edward Lansdale fest? Warum hörte man nicht auf Experten der CIA, die ein um das andere Mal versicherten, dass Castro seine Machtbasis gefestigt hatte und dass es bei Lichte betrachtet keinen Ansatzpunkt für einen Putsch gab? Weshalb wurde «Mongoose» nicht zu den

Akten gelegt? Spätestens Mitte Oktober etwa, als Lansdale vorschlug, den Strand vor Havanna von einem U-Boot aus intensiv mit Leuchtmunition zu beschießen, um verängstigte Kubaner von einer bevorstehenden Wiederkehr Christi und der unausweichlichen Rache am Anti-Christen Castro zu überzeugen? Vielleicht waren über die Maßen Selbstbewusstsein und Selbstverblendung im Spiel, die Überzeugung im innersten Zirkel der Macht, die Welt nach Wille und Vorstellung und vor allem unter Rückgriff auf die beispiellose amerikanische Macht gestalten zu können. Möglicherweise hatte Kennedy schlicht Angst, mit einer Hypothek wie Kuba seine Wiederwahl zu gefährden. Und sehr wahrscheinlich sollte Castro dafür bezahlen, dass er dem jungen, vom Erfolg verwöhnten Präsidenten seine erste schmerzhafte Niederlage beigebracht hatte.

Auch bei Nikita Chruschtschow vermengten sich Persönliches und Politisches auf brisante Weise. Zwar konnte er, 1894 als Sohn eines Gruben- und Landarbeiters in der Ukraine geboren, auf eine beeindruckende Karriere zurückblicken. Seit 1939 im Politbüro, hatte er sich mit Dienstbarkeit, Schläue und Mittäterschaft durch die Stalinzeit gewunden und die fünf Jahre währenden Diadochenkämpfe nach dem Tod des Tyrannen zu seinen Gunsten entschieden. Als Erster Sekretär des Zentralkomitees der KPdSU und Ministerpräsident stand Chruschtschow ab 1958 unangefochten auf dem Gipfel seiner Macht. Trotzdem blieb er besessen von der Vorstellung, nicht ernst genommen und als schwach verspottet zu werden – sei es wegen seiner Herkunft aus einfachsten Verhältnissen, sei es wegen eines nur vierjährigen Schulbesuchs oder des abgebrochenen Studiums an der Industrieakademie in Moskau. Im Grunde hegte Chruschtschow gegen seine Umwelt ein unerschütterliches Misstrauen, erst recht gegen westliche Politiker. Kleinste Unstimmigkeiten im Protokoll konnten flugs als verweigerte Anerkennung, gekränkte Ehre und vorsätzliche Demütigung gedeutet werden. Der Stoff für seine legendären Wutausbrüche schien umso unerschöpflicher, je mächtiger er wurde.

Zu einem Politikum wurde diese Selbstwahrnehmung, weil sie mit dem Wissen um die tatsächliche Schwäche und Rück-

ständigkeit der UdSSR verkoppelt war. Chruschtschow war sich
darüber im Klaren, dass die Sowjetunion extreme Mühe hatte,
im Kalten Krieg mitzuhalten. Als Erste einen Satelliten ins All
geschossen zu haben oder den Amerikanern beim Start einer
Mondrakete und beim ersten bemannten Raumflug zuvorge-
kommen zu sein, änderte daran kein Jota. Die Landwirtschaft
war und blieb ein ineffizientes Zuschussgeschäft und konnte allenfalls durch massive Einsparungen im Verteidigungsetat sa-
niert werden. Mochten die Kommissköpfe in den Streitkräften
sich noch so sehr aufregen, Chruschtschow verfügte zwischen
1955 und 1960 den drastischsten Truppenabbau in der UdSSR
seit 1924; dreieinhalb Millionen Mann, darunter hunderttau-
sende Offiziere, mussten aufgrund der wirtschaftlichen Malaise
die Uniform ablegen. Auf dem Gebiet moderner Rüstungstech-
nologie lag man erst recht im Hintertreffen. Nicht nur besaßen
die USA Anfang der 1960er Jahre das Fünffache an Interkontinentalraketen (230 gegenüber 42); die sowjetischen R-16 waren
überdies so gut wie nutzlos, da sie im Unterschied zu amerikanischen Festtreibstoffraketen erst nach stundenlangem Betanken einsatzbereit waren. Bei den Atomsprengköpfen war die
UdSSR den westlichen Nuklearmächten USA, Großbritannien
und Frankreich im Verhältnis 1 : 17 (300 zu 5000) unterlegen,
mehr als 1400 amerikanischen Langstreckenbombern standen
155 sowjetische Maschinen gegenüber, die im Kriegsfall das
amerikanische Festland hätten erreichen können – aber nur in
Missionen ohne Wiederkehr, da ein Betanken in der Luft nicht
möglich war. Diese und viele andere Mängel wogen umso
schwerer, als es keine realistische Aussicht auf schnelle Abhilfe
gab.

Nikita Chruschtschows Amerikapolitik wurde von diesem
doppelten Minderwertigkeitskomplex überschattet, von der
Angst, dass seine persönliche Ehre und die Ehre seines Landes
nicht angemessen gewürdigt würden. Im Grunde stand er sich
fortwährend selbst im Wege. Einerseits wollte er unbedingt von
den USA als ebenbürtiger Gesprächs- und Verhandlungspartner
akzeptiert und als Repräsentant einer gleichberechtigten Weltmacht gesehen werden. In diesem Sinne waren der Appell für

friedliche Koexistenz oder die wiederholten Forderungen nach beiderseitiger Abrüstung keine leeren Worte, deshalb empfand er den Staatsbesuch in den USA im Jahr 1959 als Krönung seines politischen Lebens. Andererseits glaubte er auftrumpfen, einschüchtern und den starken Mann spielen zu müssen, um all die Schwächen zu kaschieren, die einer vermeintlichen Supermacht nicht zu Gesicht standen. Auf keinen Fall sollten die USA herausfinden, wie es um die UdSSR tatsächlich bestellt war.

Folglich drohte Chruschtschow mit Waffen, die er überhaupt nicht besaß, stellte den Westmächten seit 1958 Berlin-Ultimaten, die im Grunde nicht ernst gemeint waren oder faselte von dem Zeitpunkt, an dem man die USA «begraben» würde. Bei diesem «Begräbnis» sollte nur auf ein höheres Bruttosozialprodukt angestoßen werden; auf semantische Feinheiten legte Chruschtschow indes keinen Wert. Hauptsache, der Rest der Welt ängstigte sich. Denn Angst schien immer noch, wie zu Stalins Zeiten, das beste Mittel um Anerkennung einzufordern und im Zweifel zu erzwingen. Einer der wenigen westlichen Politiker, die dieses Spiel durchschauten, war Hubert Humphrey, amerikanischer Vizepräsident von 1965 bis 1969. Chruschtschow, bemerkte er nach einem Moskaubesuch 1958, «ist auf offensive Weise defensiv, versteckt Unsicherheit hinter übermäßigem Selbstvertrauen und Übertreibungen.»

Ausgerechnet John F. Kennedy, einen auf das Image von Stärke und Männlichkeit geradezu versessenen Präsidenten, glaubte Chruschtschow mit Bramarbasieren unter Druck setzen zu können. «Ich verstehe Kennedy nicht», wunderte sich Chruschtschow über die Ereignisse in der «Schweinebucht». «Was ist bloß mit dem los? Wie kann man nur so unentschlossen sein?» Dass Kennedy im persönlichen Gespräch diesen Eindruck noch verstärkte, ist eine ironische und in ihrer Tragweite oft übersehene Pointe. Während ihres ersten und einzigen persönlichen Zusammentreffens, Anfang Juni 1961 in Wien, beklagte sich Kennedy über Kalte Krieger im eigenen Land und deren anhaltende Versuche, den Präsidenten an einer Entspannung der Beziehungen zur UdSSR zu hindern. Offensichtlich wollte er – ähnlich wie auf dem Höhepunkt der Kuba-Krise –

mit dem Hinweis auf unbelehrbare Betonköpfe zur Kompro-
missbereitschaft mahnen. Der Versuch scheiterte gründlich, wie
Chruschtschow kurz darauf in Moskau zu verstehen gab. «Was
sagt der überhaupt? ‹Fordern Sie nicht zu viel von mir. Bringen
Sie mich nicht in Verlegenheit. Wenn ich zu viele Zugeständ-
nisse mache, werde ich aus dem Amt gejagt.› Ein toller Hecht!
Kommt zu einem Treffen, hat aber kein Auftreten.» Er hielt Kennedy fortan, wie verschiedene Mitarbeiter bestätigen, für unerfahren, unreif, schwach und nicht durchsetzungsfähig. Sollte
Chruschtschow auf eine Bestätigung dieses Eindrucks gewartet
haben, so bekam er sie von seinem Schwiegersohn Alexei Ad-
schubei, der Anfang 1962 die USA bereist und bei dieser Gelegenheit auch ein langes Gespräch mit dem Präsidenten geführt
hatte. Resümee: Kennedy wird, um eine Aufwertung der Opposition zu vermeiden, jedem Konflikt mit Moskau aus dem Weg
gehen, er braucht einen Erfolg in der Entspannungspolitik. In
anderen Worten: Die UdSSR kann ohne Furcht vor Konsequenzen den Preis in die Höhe treiben und letztlich auch grö-
ßere Risiken eingehen.

Zwischen Februar und April 1962 diskutiert das Politbüro in
Moskau erneut über Militärhilfe für Kuba. Man bewilligt zunächst Waffen im Wert von 133 Millionen Dollar, schließlich
die Lieferung von 180 SA-2-Luftabwehrraketen, zehn IL-28-
Bombern sowie einer Batterie Marschflugkörper. Im April, der
genaue Zeitpunkt ist nicht bekannt, verfällt Nikita Chruschtschow auf eine andere Idee: «Wie wäre es, wenn wir Uncle Sam
einen Igel in seine Hose stecken würden?» Dass mit dem «Igel»
atomare Mittelstreckenraketen auf Kuba gemeint sind, erfahren
als Erste zwei Vollmitglieder des Politbüros (Anastas Mikojan
und Frol Koslow), ein für die Dritte Welt zuständiger Kandidat
des Politbüros (Scharaf P. Raschidow), Außenminister Andrej
Gromyko und der designierte Botschafter auf Kuba (Alexander
Alexejew) sowie zwei hochrangige Militärs: Marschall Rodion
Malinowski und Sergej Birjusow, ihres Zeichen Verteidigungsminister bzw. Kommandeur der Strategischen Luftstreitkräfte.
Nach Abschluss dieser informellen Gespräche und einer länge-
ren Bulgarienreise ruft Chruschtschow am 21. Mai das höchste

zivil-militärische Gremium des Landes zusammen, den aus Vertretern des Politbüros, des Zentralkomitees der KPdSU und des Verteidigungsministeriums zusammengesetzten Verteidigungsrat; drei Tage später zieht das Politbüro den Verteidigungsrat zu seinen Beratungen hinzu. Über den Verlauf dieser beiden Sitzungen ist kaum etwas bekannt. Fest steht nur, dass man länger als erwartet diskutierte und dass zumindest Anastas Mikojan anfänglich massive Einwände erhob. Am Ende gab er aber nach und stellte mit sechs anderen Politbüromitgliedern (Leonid Breschnew, Alexei Kossygin, Frol Koslow, Gennadi Woronow, Dmitri Polyanski und Otto Kuusinen) sicher, dass Chruschtschows Plan einstimmig gebilligt wurde.

Danach geht es Schlag auf Schlag. Am 28. Mai bricht eine als «Landwirtschaftsdelegation» getarnte Gruppe nach Kuba auf: Sergej Birjusow, Scharaf P. Raschidow und Alexander Alexejew sollen – unterstützt von den Generalstabsoffizieren Petr V. Agejew und Sergej F. Uschakow – Fidel Castro ein Angebot unterbreiten, das er nach Lage der Dinge kaum wird ablehnen wollen. Castro stimmt wie erwartet zu, die «Landwirtschaftsdelegation» meldet am 10. Juni in Moskau Vollzug. Nach einer nochmaligen, erneut einstimmigen Bestätigung seiner Entscheidung vom 24. Mai gibt das Politbüro die Weisung, den Plan so schnell wie möglich umzusetzen. Das Unternehmen wird nach einem Fluss im Nordosten der Sowjetunion benannt: «Operation Anadyr».

Beschlossen war zu diesem Zeitpunkt die Verlegung von 60 Mittelstreckenraketen mit je einem atomaren Sprengkopf, von 80 «FKR»-Marschflugkörpern, die ebenfalls mit je einem Atomsprengkopf ausgerüstet waren, aber wegen ihrer geringen Reichweite von ungefähr 100 km nur für einen taktischen Gefechtsfeldeinsatz taugten, von 42 leichten Bombern des Typs IL-28, von 40 MiG-21-Jägern, 33 Helikoptern und 24 Flugabwehrstellungen. Ferner erhielten etwas mehr als 50 000 Soldaten den Marschbefehl, darunter vier motorisierte Schützenregimenter und zwei Panzerbataillone. Die Mittelstreckenraketen wollte man in zwei Tranchen liefern, zuerst 36 R-12 (mit einer Reichweite von ungefähr 2000 km) und im Anschluss 24 R-14, die Ziele in einer Entfernung von 4000 km treffen konnten. Obendrein schlug die Marine den Bau einer riesigen Basis auf Kuba vor, ausgelegt für elf mit ballistischen Atomraketen bestückte U-Boote sowie für 18 Kreuzer und Zerstörer; diese Pläne indes strich Chruschtschow Ende September 1962 drastisch zusammen. Zum Oberkommandierenden auf Kuba wurde Issa A. Plijew ernannt, ein 58-jähriger Offizier, der zusammen mit Chruschtschow vor Stalingrad eingesetzt war und seit dieser Zeit als Vertrauter des Kreml-Chefs galt.

Die Vorstellung, ein Unternehmen dieses Ausmaßes über Monate geheim halten zu können, war im Grunde absurd. Aber von strikter Geheimhaltung hing der Erfolg der «Operation Anadyr» ab. Dessen war sich Nikita Chruschtschow sicher: Er wollte anlässlich eines Besuchs bei der UNO im November 1962 die Stationierung bekannt geben und anschließend in einem Militärabkommen mit Fidel Castro vor der Weltöffentlichkeit besiegeln. Mit einem derartigen Fait accompli konfrontiert, würde John F. Kennedy nolens volens sich fügen müssen. Sollten die Amerikaner indes vorher Wind von der Sache bekommen, rechnete Chruschtschow mit einer Blockade Kubas und einem vorzeitigen Scheitern seines Plans. Fragt sich nur, warum er wider alle Plausibilität an der Illusion einer geheimen Durchführung festhielt.

Nikita Chruschtschow neigte von jeher zu sprunghaften, nicht zu Ende gedachten Entscheidungen. Improvisieren hieß für ihn, mit Lenin denken und wie Napoleon handeln: «Wirf dich in die Schlacht und warte ab, was passiert.» In solchen Momenten war ihm Politik ein Spiel, das mit hohem Einsatz, großem Tempo und vor allem mit Nervenstärke gespielt werden musste. Das Problem bestand darin, dass er seine eigenen Möglichkeiten in der Regel überschätzte und die Schwierigkeiten unterschätzte – zumal nachdem er 1958 den Gipfel der Macht erklommen und sich nur noch mit Ja-Sagern umgeben hatte. Von der eigenen Unfehlbarkeit überzeugt, trat er seither als Experte auf allen Gebieten auf. Ob Landwirtschaft oder Raketentechnik, seine Urteile waren der Wahrheit letzter Schluss. Weil obendrein keine Notwendigkeit mehr bestand, auf andere Rücksicht zu nehmen, kam seine Impulsivität ungebremst zum Tragen. Zumindest von drei hochrangigen Offizieren wird behauptet, dass sie trotzdem «Operation Anadyr» als undurchführbar kritisierten: Generalmajor Alexei Dementjew sowie die beiden Marschälle Kyrill Moskalenko und Filipp Golikow. Letztere wurden ihrer Ämter enthoben und durch Angehörige der berühmten «Stalingrad-Gruppe» ersetzt, Militärs, die Chruschtschow seit dem Zweiten Weltkrieg kannte, die ihm ihren Aufstieg zu verdanken hatten und sich mehr von persönlicher Loyalität als von professionellem Sachverstand leiten ließen. Dass im Politbüro keine Opposition laut wurde, liegt gleichermaßen nahe; der autokratische Politikstil des Ersten Sekretärs galt nach wie vor als Gesetz, das in Frage zu stellen jede Karriere beendet hätte. Aus all diesen Gründen gab es für Chruschtschow auch dann kein Zurück, wenn er sich offensichtlich verrannt hatte. «Er war imstande», meint sein Referent Oleg Trojanowski, «selbst ursprünglich vernünftige Ideen ins Absurde zu übersteigern.»

Gleichwohl spiegelt der Raketenbeschluss nicht nur die persönliche Handschrift Nikita Chruschtschows. Raketen auf Kuba zu stationieren, entsprach Geist und Politik der Zeit. Insofern traf Chruschtschow den Kern der Sache, als er in seinen Memoiren schrieb: «Die logische Antwort waren Raketen.» Er suchte die Patentlösung für ein ganzes Bündel von Problemen, die sich seit Jahren in den Beziehungen zu den USA aufgetürmt hatten – und fand sie, indem er eingefahrene Maximen und Regeln des Kalten Krieges auf seine Weise interpretierte.

Erstens ging es um Machtprojektion. Bekanntlich standen die Supermächte vor einem unauflösbaren Dilemma: Einerseits war ihnen mit Nuklearwaffen eine beispiellose militärische Macht zugefallen; andererseits war diese Macht politisch wertlos, da man sie nur bei Strafe der Selbstvernichtung einsetzen konnte. Zum Kalten Krieg eskalierte der seit 1917 bestehende Konflikt zwischen Ost und West, Kapitalismus und Sozialismus, weil sich beide Seiten mit dieser Entwertung ihres Machtpotentials nicht zufrieden gaben. Die USA wie die UdSSR hatten es auf eine Schärfung der stumpfen Waffe angelegt und trachteten danach, aus dem militärisch Wertlosen politischen Mehrwert zu schlagen. Man achte auf die propagandistische Karriere des Adjektivs «vital»: Selten kam die Rede über «lebenswichtige Regionen» derart penetrant zum Zuge wie im Kalten Krieg. Sie stand für den Anspruch, den Status als Großmacht an Orten und zu Zeitpunkten eigener Wahl stets aufs Neue zu beglaubigen, vorzugsweise im Machtbereich des Kontrahenten und wenn möglich an dessen Landesgrenzen. Weltmacht konnte dieser Logik zufolge nur sein, wer sich stets auf Augenhöhe mit dem Gegenüber bewegte, wer Gleiches mit Gleichem vergelten konnte – und sei es um der bloßen Symbolik der Tat willen.

In diesem Abnutzungskrieg um ein Image der Stärke, Entschlossenheit und Durchsetzungsfähigkeit hatte Nikita Chruschtschow seit Ende der 1950er Jahre schlecht ausgesehen. Seine Drohungen gegen West-Berlin waren im Grunde Bluff, die ständigen Verletzungen sowjetischen Luftraums durch U-2-Aufklärer offenbarten, trotz eines Abschusses im Mai 1960, militärische Verletzlichkeit, die in der Türkei und Italien stationierten Mittelstreckenraketen komplettierten einen um die Sowjetunion gelegten Ring von Militärstützpunkten. Auch wenn er keine Opposition zu fürchten hatte, spürte Chruschtschow doch den Druck in den eigenen Reihen; vor allem aber setzte er sich selbst unter Druck. Für ihn war es, innen- wie außenpolitisch, höchste Zeit, «andere Staaten daran [zu] erinnern, dass wir mächtig waren und Achtung verdienten». Raketen in der Karibik standen als Ausrufezeichen, dass die UdSSR auf Dauer zur Führungsriege in der Welt gehörte, Kuba war die Türkei Moskaus. «Unsere Raketen [hätten] das ‹Gleichgewicht der Macht›, wie es der Westen gerne nennt, hergestellt.» Nicht im strategischen Sinn, dazu taugten 60 Raketen auf keinen Fall. Wohl aber im psychologischen Sinn und auf eine Weise, die im Kalten Krieg ebenso wichtig war wie materieller Zugewinn. Anastas Mikojan: «Es war ein kühner Schritt in den politischen Machtbereich der Amerikaner, der im Fall eines Erfolges der amerikanischen Stellung in der Welt schweren Schaden zugefügt hätte.»

Zweitens folgte Nikita Chruschtschow der Logik atomarer Abschreckung, einer Politik, die Angst ins Zentrum der politischen Kommunikation rückt. Weil keine Seite sich darauf verlassen wollte, dass die bloße Möglichkeit der Selbstzerstörung den Konkurrenten tatsächlich von Aggressionen abhalten würde, setzte man beiderseits auf den Faktor Unberechenbarkeit – einschüchtern, verunsichern, Rätsel über Kapazitäten und Absichten aufgeben. Die Angst vor der Bombe durfte nicht als Verängstigung in Erscheinung treten. So wollte bereits John Foster Dulles, Außenminister unter Präsident Eisenhower, sein viel zitiertes Diktum über Staatskunst im Nuklearzeitalter verstanden wissen: Wenn nötig, sich dem Abgrund nähern, ohne zum Äußersten entschlossen zu sein, aber die andere Seite im Ungewissen lassen, wo die Grenze zwischen Bluff und Vabanque verlief. Nur wer diese Spielregel beherrschte, so das Kalkül in Washington wie in Moskau, fand zum Kern des Politischen zurück: nicht sich selbst, sondern andere abzuschrecken. In den derben Worten Chruschtschows, gesprochen bei einer Sitzung des Politbüros im Januar 1962: «Man darf sich nicht scheuen andere zur Weißglut zu treiben. Andernfalls werden wir es nie zu etwas bringen.»

Offensichtlich wollte Chruschtschow auf der Klaviatur der Angst ähnliche Töne wie die Administration Kennedy anschlagen. Warum hatte das Pentagon, vertreten durch Verteidigungsminister McNamara und Staatssekretär Roswell Gilpatric, seit Oktober 1961 wiederholt mit der militärischen Überlegenheit der USA geprahlt und behauptet, dass die UdSSR unter keinen Umständen Paroli bieten könnte? Weshalb wollte John F. Kennedy im März 1962 einen amerikanischen Erstschlag nicht ausschließen? «Chruschtschow darf sich nicht sicher sein», so der Präsident in einem Interview, «dass die USA in Fällen, wo ihre lebenswichtigen Interessen bedroht sind, niemals einen Erstschlag führen werden. Unter bestimmten Bedingungen könnten wir gezwungen sein, die Initiative zu ergreifen.» Chruschtschow glaubte die Antwort zu wissen: Amerika setzte sein Bedrohungspotential zum Zweck der Demütigung ein. «[Ein] sehr übler Fehler, für den er [Kennedy] wird bezahlen müssen. [...] Es ist an der Zeit, dass man ihnen ihre langen Arme stutzt.» Kuba war der denkbar beste Ort für einen sowjetischen Gegenzug.

Aus 90 Meilen Entfernung mit Raketen zu drohen, die einen Gutteil amerikanischer Großstädte im Visier hatten, hieß, mit minimalem Aufwand einen maximalen Effekt zu erreichen. Sowjetische Waffen würden ernst genommen; kein amerikanischer Politiker könnte, ohne sich lächerlich zu machen, in Zukunft die herablassende Selbstgewissheit eines McNamara oder Kennedy an den Tag legen. «Jetzt würden sie erfahren», so Chruschtschow, «was das für ein Gefühl ist, wenn feindliche Raketen auf einen gerichtet sind; wir würden nichts weiter tun, als ihnen etwas von ihrer eigenen Medizin zu verabreichen.»

Drittens wurde auf und um Kuba die wichtigste symbolische Währung des Kalten Krieges gehandelt – Glaubwürdigkeit. Dass eine Großmacht zuverlässig sein muss, zu ihrem Wort steht, Freunde nicht im Stich lässt und gegenüber Feinden standhaft bleibt, gehört zur klassischen Ausstattung der Diplomatie. Im ideologisch und emotional überheizten Kalten Krieg wurden diese Attribute zusätzlich aufgewertet. Auf sie sollte noch nicht einmal der Schatten eines Zweifels fallen. Nikita Chruschtschow stand im Frühjahr 1962 nicht als Erster und auch nicht zum ersten Mal vor diesem Problem. Neu war indes, dass ein Land, für dessen Sicherheit er sein Wort verpfändet hatte, unmittelbar von einer Invasion bedroht war. Zumindest war der Kreml-Chef, wie die Auswertung relevanter Akten bestätigt, subjektiv davon überzeugt. Ob Kennedy seine Schwäche aus der «Schweinebucht» ausbügeln wollte oder sich gegen die «Hardliner» im Apparat nicht behaupten konnte, war letztlich egal: Er würde einen neuen Anlauf machen. Kuba zu einer uneinnehmbaren Festung auszubauen, würde Prestige und Einfluss der Sowjetunion in der gesamten Dritten Welt beispiellos aufwerten und Sozialrevolutionäre überall in Lateinamerika ermutigen. Überdies versprach sich Chruschtschow eine Beruhigung der «China-Front». In Sachen Kuba Wort zu halten, blamierte Pekings notorische Rede vom Opportunismus der Sowjetunion als wohlfeile Propaganda – ein nicht gering zu schätzender Zugewinn.

Es ist müßig, die Motive Nikita Chruschtschows voneinander trennen und vergleichend gewichten zu wollen. Aus der Perspektive des Kreml-Chefs hatte die UdSSR im Wettstreit mit den USA auf allen Feldern einen stattlichen Nachholbedarf. Untätig zu bleiben, als Kuba unverhofft ein Fenster der Gelegenheit aufgestoßen hatte, kam deshalb nicht in Frage. Zumal sich die einmalige Chance bot, egoistische Interessen in idealistischem Gewand und die Expansion von Macht als altruistische Uneigennützigkeit zu drapieren. Müßig ist auch die Frage nach militärischen Alternativen. Zwar hätte man Kuba auf konventionelle Weise hochrüsten können; aber im Ernstfall zu Hilfe zu kommen, war allein aus logistischen Gründen ausgeschlossen. Mit den Atomraketen wählte Chruschtschow die einfachste Antwort für ein komplexes Problem: Viel hilft viel.

Fidel Castro jedoch ist von den Argumenten, die ihm die sowjetische «Landwirtschaftsdelegation» am 29. Mai 1962 in Havanna vorträgt, zunächst wenig angetan. Abgesehen davon, dass er eine Stationierung von sechs Regimentern sowjetischer Bodentruppen vorgezogen hätte, macht Castro prinzipielle Einwände geltend. Dass im Entwurf eines Militärabkommens vom Schutz kubanischen Staatsgebiets durch sowjetische Raketen die Rede ist, verstößt ebenso gegen sein Verständnis von Souveränität und Unabhängigkeit wie die Bitte Moskaus um Geheimhaltung. Als unabhängiges Land muss Kuba den Eindruck vermeiden, sich nur mit fremder Hilfe verteidigen zu können; schon gar nicht darf man in den Ruch eines Vasallenstaates kommen. Und als souveräner Staat hat Kuba wie jedes andere Land der Welt das Recht, mit Dritten Verträge über Gegenstände gemeinsamen Interesses zu schließen. Ein Recht aber nimmt man in aller Öffentlichkeit in Anspruch. Wer sich auf geheime Abmachungen einlässt, bringt sich nicht allein in den Verdacht Unrecht zu tun; er beschädigt auch seine Souveränität. Unvereinbar ist das sowjetische Vorgehen obendrein mit Castros Schwur, das Lebenswerk des Nationalhelden José Martí zu vollenden und Kuba von fremdem Einfluss jedweder Art zu befreien. Dem Wunsch, im Vertrag von einer Kooperation gleichberechtigter Partner zu sprechen, kommt Chruschtschow letztendlich nach, nicht aber der ebenso gewichtigen Bitte um Veröffentlichung. Castro unterschreibt trotzdem.

Obwohl er hehre Prinzipien geopfert hatte, glaubte Fidel Castro an ein gutes Geschäft. Bis zu diesem Zeitpunkt waren die Sowjets, so sein Eindruck, über Gebühr belehrend aufgetreten. Warum forderten sie Ende April 1961, zwei Wochen nach der «Schweinebucht», Havanna zum Dialog mit Washington auf? Wollten sie die Amerikaner in Verlegenheit bringen? Oder war ihnen mehr an einer Zähmung der kubanischen Revolutionsführer gelegen? Vermutlich Letzteres, riet Moskau doch zugleich, keine kubanischen Waffen nach Lateinamerika zu liefern und das Gerede über einen revolutionären Sturm in der westlichen Hemisphäre einzustellen. Derlei hintergründige Spannungen provozierten Kuba wiederholt zum Spiel mit der «China-Karte». Dass Fidel Castro im März 1962 den für seine Nähe zu Moskau bekannten Anibal Escalante von der Leitung der «Integrierten Revolutionären Organisationen» (ORI) entband, dass Innenminister Ramiro Valdez kurz darauf Pekings Solidarität mit revolutionären Bewegungen lobte und Gerüchte über eine außenpolitische Umorientierung Havannas streuen ließ, war ein offenkundiger Versuch, sich größeren Spielraum im ungleichen Bündnis mit der Sowjetunion zu verschaffen. Mit dem Raketenangebot war ein Durchbruch zum Greifen nahe, zumindest aus Castros Sicht. Chruschtschows Selbstverpflichtung kam nämlich einer Selbstbindung gleich. Künftig würde er Kuba nur um den Preis eines immensen Imageverlusts aufgeben können, umgekehrt also bereit sein müssen, auf kubanische Begehrlichkeiten Rücksicht zu nehmen. Eine patriarchalische Beziehung schien sich in ein wechselseitiges Abhängigkeitsverhältnis zu verwandeln.

«Wir sind bereit zuzustimmen [...], wir sind [...] vor allem bereit, uns als erstes sozialistisches Land für die sozialistischen Ideale zu opfern und dadurch die Sowjetunion zu unterstützen.» Unter mangelndem Selbstbewusstsein hatte der 1926 als Sohn eines wohlhabenden Landbesitzers geborene Fidel Castro noch nie gelitten. Weggefährten, die ihn aus gemeinsamen Tagen an katholischen Privatschulen oder als Jurastudenten an der Universität Havanna kennen, sprechen weniger von Ehrgeiz als von Geltungssucht. Manche attestieren ihm gar ein zur Megalomanie aufgeblähtes Ego. Castro lieferte Illustrationen zuhauf. Ob er 1945 und 1946 für die Studentenorganisation «FEU» agierte, ob er sich 1947 einem Haufen Abenteurern anschloss, um den Diktator Rafael Trujillo in der Dominikanischen Republik zu stürzen, ob er 1948 beim panamerikanischen Studentenkongress in Bogota als Stimme Lateinamerikas auftrat – stets machte er den Eindruck eines Mannes, der sich von der Geschichte zu Höherem auserwählt glaubt. Ende Mai 1962, seines Konkurrenten Anibal Escalante hatte er sich gerade entledigt, war Castro dort, wo er seines Erachtens hingehörte: allein auf der ganz großen Bühne, in der ersten Reihe der Weltpolitik, im Zentrum des Kalten Krieges. Er erlebte, wie aus seiner näheren Umgebung berichtet wird, in diesen Tagen eine Art Machtrausch. Ging das Experiment mit den Raketen gut, würde er als Retter der kubanischen Revolution und Held aller Entrechteten in die Geschichte eingehen; ging es schief, war ihm die Rolle des Märtyrers gewiss. So oder so, die Losung hatte er bereits 1953, wegen der Erstürmung der Moncada-Kaserne angeklagt, im Gerichtssaal ausgegeben: «Die Geschichte wird mich freisprechen.»

Die Risiken einer Raketenstationierung begriff Castro als zusätzliche Motivation. Politik und Ausnahmezustand waren aus seiner Perspektive identisch. So hatte er es in den gewalttätigen Lehrjahren in Havanna erlebt, so blieb ihm die Zeit im mexikanischen Exil in Erinnerung, nicht zu reden vom anschließenden Kampf in der Sierra Maestra. Dementsprechend gab er sich nie damit zufrieden, seine Macht auf konventionelle Weise zu stabilisieren, also mit einer Mischung aus Repression und Reform. Castro suchte und inszenierte die Spannung, in guten wie in schlechten Zeiten, als wären die Massen nur durch permanente Erregung bei der Fahne zu halten – und als wäre es ihm persönlich ein Lebenselixier. «Vielleicht macht Frieden», schreibt der Schriftsteller Carlos Franqui über seinen Freund Fidel, «einem Mann, der das Kämpfen gewohnt ist, mehr Angst als Krieg.» Insofern ist die Behauptung vertretbar: Ohne den mächtigen Feind im Norden hätte Castro eine Bedrohung anderer Art erfinden müssen. Die «Yankees» nahmen ihm bekanntlich die Arbeit ab, mit dem Unternehmen «Schweinebucht» und durch die regelmäßigen Terroranschläge im Zuge der «Operation Mongoose» erst recht. «Für mich [wird] ein noch viel längerer und größerer Krieg beginnen», schrieb Castro Monate vor dem Triumph über Batista an seine Geliebte Celia Sánchez, «der Krieg, den ich gegen sie [die Amerikaner] führen werde. Mir ist klar, dass dies meine wahre Bestimmung sein wird.»

Die gewollte Krise

Im Sommer 1962 dringen amerikanische Flugzeuge und Schiffe fast täglich in kubanisches Hoheitsgebiet ein, ununterbrochen landen Späher auf der Insel. Dass sich Ungewöhnliches abspielt, scheint klar; doch niemand weiß Genaues. Man zählt 55 Schiffe, die im Laufe eines Monats in kubanischen Häfen gelöscht werden, vier Mal mehr als im monatlichen Schnitt des Vorjahres. Unstrittig ist auch, dass sich Boden-Luft-Raketen vom Typ SA-2 auf Kuba befinden. Von eigenen Quellen abgesehen, verfügen US-Geheimdienste über zusätzliche Informationen von nord- und mitteleuropäischen Kollegen, die seit Wochen sowjetische Schiffsbewegungen beobachten. Vom Bundesnachrichtendienst in Pullach erhalten sie Hinweise auf eine offensichtlich ungewöhnliche Fracht; ob Mittelstreckenraketen explizit erwähnt werden, ist bis heute unklar. Wenn überhaupt, scheint die Nachricht im Datenwust der Dienste untergegangen zu sein. Oder man nimmt sie nicht ernst. Dessen ungeachtet werden in Washington zwischen dem 21. August und dem 10. September mehrere Spitzentreffen mit dem Präsidenten einberufen. Zentrales Thema: Sowjetische Mittelstreckenraketen auf Kuba. Man will auf das Schlimmste vorbereitet sein und spielt die Optionen für den «worst case» durch. Allgemein ist von Hysterie die Rede, mit Blick auf Robert Kennedy von «Weißglut».

21. August: Zu diesem Zeitpunkt war noch keine einzige Mittelstreckenrakete in der Karibik angekommen. Aber auf Drängen von CIA-Chef John McCone simulierte eine im Außenministerium zusammengerufene Runde die Präsenz derartiger Waffen auf Kuba – «erneut», wie es im Protokoll heißt. Neben McCone

waren Außenminister Dean Rusk und sein Staatssekretär U. Alexis Johnson, Verteidigungsminister Robert McNamara, Lyman Lemnitzer und Maxwell Taylor von den Vereinten Stabschefs, der Nationale Sicherheitsberater McGeorge Bundy und Robert Kennedy gekommen. Die Debatte über verschiedene Varianten einer Seeblockade und etwaige Reaktionen der Sowjets – in Berlin oder gegen amerikanische Raketenbasen in der Türkei und Italien – dauerte indes nicht lange. Robert Kennedy leitete rasch zum Grundsätzlichen über: Man sollte sich keine Gedanken machen, ob Moskau gestern, heute, morgen oder niemals Mittelstreckenraketen auf Kuba installieren ließ. Entscheidend war, so der Justizminister, dass die Russen über kurz oder lang die Insel zu ihrem Stützpunkt ausbauten, dass die Zeit für Castro arbeitete und dass den USA nichts anderes übrig blieb, als so schnell wie möglich und so energisch wie möglich den «Regimewechsel» herbeizuführen. Für Robert Kennedy stellte sich eigentlich nur noch die Frage, wann man welchen Zwischenfall fingierte, um eine glaubwürdige Legitimation zum Losschlagen zu haben.

23. August: John F. Kennedy mahnte die Runde, die diesmal im Weißen Haus tagte, zur Ruhe. Statt sich vorschnell auf Ablaufpläne festzulegen, wollte der Präsident seine Optionen sortieren. Vom Pentagon forderte er eine Expertise über den Abzug der in der Türkei stationierten Jupiter-Raketen, gedacht als Vorsichtsmaßnahme wider sowjetische Repressalien. Sodann unterschrieb Kennedy das «National Security Action Memorandum No. 181» und machte den Weg für die weitere Feinplanung frei. «NSAM 181» sah erstens eine «maximale Beschleunigung» von «Operation Mongoose» vor, aller für einen «Regimewechsel» geplanten Sabotage- und Terroraktionen. Zweitens wurden die Vereinten Stabschefs aufgefordert, alsbald Optionen für eine Beseitigung sowjetischer Mittelstreckenraketen vorzulegen: Welches waren die Vor- und Nachteile eines Luftangriffs, sollte man sich eher für einen begrenzten oder vielmehr für einen unbegrenzten Einsatz der Luftwaffe entscheiden, zu welchem Zeitpunkt kam eine Invasion in Frage und welchen Umfang müsste sie haben? Ob es diplomatische Mittel und Möglichkeiten gab,

zog man noch nicht einmal in Erwägung; diese Variante schien jenseits des Vorstellbaren, auch für den Präsidenten.

30. August: Aus ihrer Haltung zu Kuba hatten die Vereinten Stabschefs noch nie einen Hehl gemacht. «NSAM 181» gab ihnen die Gelegenheit zu einer besonders drastischen Stellungnahme, genauer gesagt zu einer Abrechnung mit «Mongoose» und anderen Halbheiten. Sie rieten zur Besetzung der Insel – und zwar so schnell wie möglich. Vor- und Nachteile unterschiedlicher Optionen abzuwägen war ihres Erachtens Zeitverschwendung. Indem sie eine Invasion als einzig vernünftige Lösung forderten, traten die Stabschefs nicht mehr als Berater der zivilen Führung auf, sondern gerierten sich wie Lobbyisten im Dienst einer politischen Sache. Unverhohlen warfen sie dem Präsidenten eine Gefährdung der nationalen Sicherheit vor. Dergleichen Töne hatte man zuletzt von Douglas MacArthur, dem Oberkommandierenden im Koreakrieg, gehört; er war bekanntlich wegen Insubordination und Amtsanmaßung entlassen worden.

Zu den Ungereimtheiten dieser Tage und Wochen gehören die Entscheidungen über Aufklärungsflüge. Die CIA, so eine dem Weißen Haus Ende August übermittelte Nachricht, stand auf Abruf bereit und hätte den Vorgaben von «NSAM 181» entsprechend ihre U-2 über Kuba einsetzen können. Aber am 10. September, kurz nachdem man acht fertige und 16 im Bau befindliche Stellungen für SA-2-Luftabwehrraketen entdeckt hatte, verfügte John F. Kennedy eine drastische Einschränkung. Bis auf weiteres mussten die U-2 einen Mindestabstand von 25 Meilen zu den kubanischen Küsten einhalten. War wegen peinlicher U-2-Zwischenfälle andernorts Grund zur Vorsicht geboten? Moskau hatte am 30. August massiv gegen einen Flug über Sachalin protestiert; über China war am 8. September eine U-2 abgeschossen worden. Oder gaben innenpolitische Überlegungen den Ausschlag? Kennedy wollte die im November anstehenden Zwischenwahlen zum Kongress nicht mit außenpolitischen Kontroversen überfrachten. Er wusste um die Taktik der Republikaner, fürchtete, dass sie ihn als Verräter kubanischer Interessen in die Enge treiben würden. Andererseits fiel die vermeintliche Sorge um die Wählergunst vier Wochen später – ausgerechnet in der heißen Phase des Wahlkampfs – nicht mehr ins Gewicht. Am 9. Oktober ordnete der Präsident wieder einen lückenlosen U-2-Einsatz über Kuba an. Hatte John F. Kennedy nur Zeit geschunden, ging es ihm vorwiegend darum, eine als sicher erachtete Krise um Kuba politisch und militärisch optimal vorzubereiten? Wegen auffälliger Lücken im Archivbestand ist diese Frage nicht zu beantworten; ein begründeter Verdacht indes ist ebenso wenig von der Hand zu weisen.

Während die U-2 am Boden gehalten werden, stimmt der Präsident die Öffentlichkeit und den Kongress auf eine Zuspitzung ein. Sollte es Beweise geben «für irgendeine einsatzfähige Kampftruppe auf Kuba aus irgendeinem Land des sowjetischen Blocks [...] oder für die Präsenz von Boden-Boden-Raketen oder anderer signifikanter Offensivkapazitäten, ob in kubanischer Hand oder unter sowjetischer Kontrolle und Leitung, [...] so würden die schwerwiegendsten Fragen aufgeworfen». Die Adjektive «einsatzfähig», «signifikant» und «schwerwiegend» lassen Spielraum für unterschiedliche Interpretationen. Aber in einer Hinsicht will Kennedy am 4. September nicht missverstanden werden: Die USA werden sich nicht allein gegen «Offensivkapazitäten», sondern grundsätzlich gegen jede weitere Aufrüstung Kubas zur Wehr setzen. Im Sinne dieser Selbstverpflichtung bittet er den Kongress drei Tage später um die Erlaubnis, ab sofort und für die Dauer eines Jahres 150 000 Reservisten aktivieren zu dürfen. Widerspruch seitens der Volksvertreter ist nicht zu erwarten. Im Gegenteil. Eine Mehrheit des Kongresses wünscht, wie es in einer Resolution dieser Tage heißt, die Beseitigung Castros, «um die Ausbreitung des kubanischen Kommunismus auf dem amerikanischen Kontinent zu verhindern». Auch Kennedy weitet den Katalog möglicher Rechtfertigungen für einen «Regimewechsel» aus. Militärische Mittel hält er für angemessen, wenn der US-Stützpunkt Guantanamo gefährdet ist; falls lateinamerikanische Revolutionäre die Kontrolle über den Panama-Kanal in Frage stellen; sollte die Arbeit im Raumfahrtzentrum Cape Canaveral von Kuba aus gestört

werden – nachzulesen in einer Erklärung des Weißen Hauses
vom 13. September 1962.

Anfang Oktober verschärft John F. Kennedy auch die militärische Gangart. Die Armee wird, den Planungen von «OPLAN
314-6» und «OPLAN 316-6» entsprechend, ab sofort für eine
Invasion bereit gehalten. Der Oberkommandierende der Atlantikflotte, Admiral Robert Dennison, soll mit den Vorbereitungen
für eine Seeblockade Kubas beginnen und binnen zweier Wochen, spätestens zum 20. Oktober, Vollzug melden. Am 12. Oktober schließlich wird die Air Force samt ihres Strategischen
Luftkommandos in erhöhte Alarmbereitschaft versetzt. Wie Robert McNamara den Präsidenten wissen lässt, üben Piloten in
der Wüste Nevadas Einsätze gegen Attrappen militärischer Objekte, die man in Kuba vorzufinden erwartet: Hangars für Militärflugzeuge und Luftabwehrstellungen sowjetischer Bauart.
Die einschlägigen Instruktionen für den Ernstfall («Target Folders») liegen den Besatzungen bereits seit Anfang Oktober vor.
Zeitgleich mahnt Robert Kennedy im Auftrag seines Bruders zu
einer Intensivierung und Beschleunigung von «Mongoose». Es
soll, wie in einem Sitzungsprotokoll vermerkt ist, ab sofort
«deutlich mehr Sabotageaktionen» geben, selbst auf die Gefahr
hin, dass die US-Regierung ihre Beteiligung nicht mehr abstreiten kann. Mit Billigung des Weißen Hauses wird am 16. Oktober ein umfangreicher Maßnahmenkatalog gebilligt, unter anderem die Sprengung einer Eisenbahnbrücke und eines Öltankers, Attacken gegen Ölraffinerien und ein Granatenangriff auf
die chinesische Botschaft in Havanna.

Zweifellos hielt sich John F. Kennedy ab Mitte Oktober alle
militärischen Optionen offen. Es ging längst nicht mehr um die
Ausarbeitung von Eventualplänen. Der Präsident machte rigide
zeitliche Vorgaben und stellte sicher, dass die Streitkräfte wenige Stunden nach seinem Befehl auch tatsächlich hätten losschlagen können. Über alles Weitere lässt sich trefflich spekulieren. Hatte Kennedy sich zum Angriff entschieden, egal, ob auf
Kuba Mittelstreckenraketen stationiert waren oder nicht? Oder
baute er lediglich Drohkulissen auf, entweder in der Hoffnung,
die Sowjets in letzter Stunde zur Umkehr bewegen zu können,

oder als Rückversicherung für den Fall der Fälle? In der dürren schriftlichen Überlieferung gibt nur das Protokoll eines Gesprächs zwischen Robert McNamara und Maxwell Taylor, dem Vorsitzenden der Vereinten Stabschefs, Auskunft – in Gestalt eines entschiedenen «sowohl als auch». Wie McNamara am 15. Oktober 1962 meinte, strebte der Präsident in den nächsten drei Monaten «höchstwahrscheinlich» keinen Militäreinsatz gegen Kuba an; aber angesichts der turbulenten Entwicklung wollten Kennedy und er sich auch nicht festlegen.

Nikita Chruschtschow wusste Kennedys Zeichen zu deuten und ließ das Arsenal nuklearer Gefechtsfeldwaffen aufstocken. Im Mai und Juni hatte man bereits die Lieferung von 80 atomar bestückten «FKR»-Marschflugkörpern beschlossen; am 7. September ordnete der Kreml-Chef an, zusätzlich sechs Atombomben für die leichten IL-28-Bomber und 12 Kurzstreckenraketen vom Typ «Luna» mit jeweils einem Atomsprengkopf zu verschiffen. Die Hintergründe dieser Entscheidung liegen weitgehend im Dunkeln. Fest steht nur, dass Chruschtschow seinen Militärs Grenzen setzte. Wäre es nach dem Verteidigungsministerium gegangen, hätte man auch noch 18 ballistische «R-11M» – bekannt unter den Kürzeln «SS-1c» oder SCUD – mit einer Reichweite von 80 Meilen auf den Weg gebracht. Wahrscheinlich folgte Chruschtschow den eingefahrenen Gedanken: Sobald Kennedy damit rechnen musste, dass seine Truppen bei der Landung in atomares Feuer liefen, würde er vorsichtiger agieren, unter Umständen sogar auf eine Invasion verzichten. Den Abschreckungswert zu erhöhen, war – wie noch zu erörtern sein wird – nur um den Preis eines gesteigerten Risikos möglich. Offensichtlich machte sich Chruschtschow darüber keine Gedanken. Anfang September ging es in erster Linie um eine Antwort auf Kennedys Mobilisierung von 150 000 Reservisten. «Ohne diese Aktion des Präsidenten […] hätten wir uns weder um diese Flugzeuge [die IL-28] noch um die sie unterstützenden Einheiten gekümmert.»

Nach außen hielt sich der Kreml an die übliche Strategie: einschüchtern, falsche Spuren legen und leugnen. Drei Mal, am 5., 11. und 28. September, drohte Chruschtschow mit einer Eskalation wegen Berlin, in besonders drastischen Worten gegenüber dem amerikanischen Innenminister Stewart Udall, der zu dieser Zeit die UdSSR bereiste. «Wir werden ihm [Kennedy] eine Chance geben – Krieg oder Abschluss eines Friedensvertrages. [...] Wir können Euch jetzt den Arsch versohlen.» Wie Anastas Mikojan Monate später bemerkte, hatte man mit Berlin nicht das Geringste im Sinn. Chruschtschows Auftritte waren reine Ablenkungsmanöver. Auch wurde er nicht müde, die Existenz von «Offensivwaffen» auf Kuba nach allen Regeln der politischen Semantik zu leugnen. Botschafter Anatoli Dobrynin übermittelte am 6. September eine mündliche Botschaft in diesem Sinne, die Nachrichtenagentur TASS beschrieb die sowjetische Raketenstreitmacht am 11. September als derart mächtig, «dass es keinen Grund gibt, nach Stationierungsorten jenseits der Grenzen der Sowjetunion zu suchen» – und Georgi Bolschakow, KGB-Agent, Referent an der Botschaft in Washington und seit 1961 in regelmäßigem Kontakt mit Robert Kennedy, übergab auf Wunsch von Präsident Kennedy noch einmal eine schriftliche Zusammenfassung dieser Dementis. Dobrynin und Bolschakow handelten nach bestem Wissen und Gewissen. Chruschtschow hatte nämlich die eigene Botschaft in die Irre geführt und in internen Memoranden nur von Boden-Luft-Raketen auf Kuba gesprochen, geliefert zum Schutz vor amerikanischen Flugzeugen.

Auf der anderen Seite wussten John F. Kennedy und seine Berater, dass sie belogen wurden. So war der Kalte Krieg von Anfang an gespielt worden; naiv, wer etwas anderes erwartet hätte. Dass der Präsident kurz darauf seine gesamte Kuba-Politik aus dieser Lüge herleitete und wortreich beklagte, vom Vorhandensein der Raketen völlig überrascht worden zu sein, gehörte ebenfalls zu diesem beiderseitigen Spiel um die öffentliche Meinung, zum Pokern um Glaubwürdigkeit und Anerkennung. Befangen in der Illusion, im November den erfolgreichen Abschluss von «Operation Anadyr» vor der UNO zu verkünden, hatte sich Chruschtschow selbst eine Falle gestellt. Besser als mit seinen Lügen hätte er die Administration Kennedy gar nicht munitionieren können.

Am 9. Oktober kommt aus dem Weißen Haus die Order für weitere U-2-Flüge. Wegen schlechten Wetters verzögert sich der Einsatz um einige Tage, am 15. Oktober liegen die ersten Fotobeweise über den Bau von Abschussrampen für Mittelsteckenraketen vom Typ R-12 vor. Ray S. Cline, bei der CIA für Nachrichtenauswertung zuständig, unterrichtet umgehend McGeorge Bundy: «Die Dinger, deretwegen wir uns Sorgen gemacht haben – es sieht so aus, als ob wir da tatsächlich etwas hätten.» Ähnlich abgeklärt reagiert am nächsten Morgen Maxwell Taylor während der ersten Krisensitzung im Weißen Haus: Auf die militärischen Vorbereitungen der jüngsten Zeit gemünzt, sagt er: «Zumindest ist es genug, um die Sache zu starten.»

16.–22. Oktober 1962

«Der rote Hund schnüffelt im Hinterhof.»
(Curtis LeMay)

Am 16. Oktober, kurz vor Mittag, trat der Krisenstab in Washington erstmals zusammen. Die unumstrittene Nummer Zwei hinter dem Präsidenten war sein Bruder Robert; Vizepräsident Lyndon B. Johnson spielte nur eine untergeordnete Rolle. Außenminister Dean Rusk kam in Begleitung seiner Staatssekretäre George Ball, U. Alexis Johnson und Edwin Martin sowie von Llewellyn Thompson, der lange Zeit als Botschafter in Moskau verbracht hatte und seither als Sonderbotschafter ohne Portfolio diente; UNO-Botschafter Adlai Stevenson war an diesem Tag verhindert, sollte aber in der Folge wiederholt zwischen New York und der Hauptstadt pendeln. Das Pentagon wurde vertreten durch Verteidigungsminister Robert McNamara, den Vorsitzenden der Vereinten Stabschefs, Maxwell Taylor, und Roswell Gilpatric, den Stellvertreter McNamaras. Für die CIA sprach der stellvertretende Leiter, Marshall Carter, anstelle des kurzzeitig verhinderten John McCone. Aus dem Stab des Wei-

ßen Hauses waren McGeorge Bundy (Nationaler Sicherheitsberater), Theodore Sorensen (Redenschreiber des Präsidenten),
Pierre Salinger (Pressesprecher) und Bromley Smith (Protokol-
lant) gekommen. Finanzminister Douglas Dillon und der stellvertretende Leiter der United States Information Agency, Do-
nald M. Wilson, gehörten bis zur Beilegung der Krise zu den regelmäßigen Teilnehmern der Runde, wohingegen der ehemalige
Außenminister Dean Acheson und Staatssekretär Paul Nitze, im
Pentagon für Berlinfragen zuständig, sporadisch geladen wurden. Je nach Bedarf durch Experten diverser Ministerien und
Geheimdienste ergänzt, traf sich diese Gruppe bis zum 28. Oktober Tag für Tag. Ihre offizielle Bezeichnung: «Exekutivkomi-
tee des Nationalen Sicherheitsrates» oder kurz «ExComm».

Im Kennedy-Mythos hat das «ExComm» als Versammlung
der «Besten und Klügsten» seinen festen Platz. Um Vertreter
einer selbstbewussten politischen Klasse auf dem Höhepunkt
ihrer Macht handelte es sich allemal. Von wenigen Ausnahmen
abgesehen, waren sie elitär und sendungsbewusst, ebenso arro-
gant wie machthungrig, Abbilder des amerikanischen «Can Do-
ism» in der Blüte seiner Zeit – überzeugt, die Welt nach ihrem
Bild formen zu können und dementsprechend frei von Selbst-
zweifeln. Kaum im Amt, hatte John F. Kennedy die unter seinem
Vorgänger Dwight D. Eisenhower aufgeblähte Bürokratie des
Nationalen Sicherheitsrates aufgelöst und projektbezogene Ad-
Hoc-Gruppen an deren Stelle gesetzt. Dass die Reform für
schnelle und unbürokratische Abläufe sorgte, steht fest; ob der
Präsident in der Folge auch besser beraten wurde, ist indes fraglich. Kennedy hatte sich, wie Kritiker zu bedenken geben, weniger mit unabhängigen Geistern als mit Männern umgeben, die
in erster Linie die Attitüden ihres Chefs imitierten: Männlichkeit, Härte und blasierte Distanziertheit. Wer aber mehr gefallen als aufklären will, verwechselt blendendes Auftreten mit
politischer Klugheit – wie die Mehrheit im «ExComm».

Warum John F. Kennedy Mitte 1962 im Oval Office, im Kabi-
nettsraum des Weißen Hauses und in einigen Privaträumen Abhöranlagen installieren ließ, ist bis heute fraglich. Wollte er Material für seine Memoiren sammeln? Oder sollten der Nachwelt

Zeugnisse erhalten bleiben, die den Präsidenten im besten Licht erscheinen ließen? Vermutlich Letzteres, konnte Kennedy doch durch Knopfdruck unter seinem Schreibtisch die Tonbänder nach Belieben ein- oder ausschalten. Die Versuchung, in eigener Regie Quellen für das gewünschte Image zu produzieren, war in jedem Fall gegeben. Wie auch immer: Damals waren nur wenige in das Geheimnis eingeweiht, drei Geheimdienstagenten, die für Installation und Wartung zuständig waren, Robert Kennedy und Evelyn Lincoln, persönliche Sekretärin des Präsidenten. Ungefähr 200 Tonrollen sind bis dato in der Präsidentenbibliothek zu Boston aufgetaucht, Mitschnitte aus der Zeit vom 30. Juli 1962 bis zum 8. November 1963; 18 Bänder wurden während der Kuba-Krise aufgenommen. Von intensiven Diskussionen in Anspruch genommen, nahmen vielleicht auch die Brüder Kennedy von den Mikrophonen irgendwann keine Notiz mehr. Alle anderen sprachen in jedem Fall ungeschützt. Allein deshalb sind die «Kennedy Tapes» eine wertvolle Ergänzung zur schriftlichen und mündlichen Überlieferung; mit ihrer Hilfe lassen sich wichtige Sitzungen in den berühmten 13 Tagen vom 16. bis zum 28. Oktober 1962 buchstäblich Minute für Minute rekonstruieren.

«Die Sowjets würden aussehen, als wären sie mit uns gleich»

Am 16. Oktober war man hauptsächlich um eine Standortbestimmung bemüht: Was hat sich mit den Raketen verändert und warum? Auf militärstrategische Überlegungen verwandte das «ExComm» kaum Zeit, dafür sorgte der stets ungeduldige Robert McNamara fast im Alleingang: «Meine persönliche Meinung ist, dass sich überhaupt nichts ändert», weder am allgemeinen Kräfteverhältnis und schon gar nicht an der nationalen Sicherheit der Vereinigten Staaten. Egal, welche Sprengkraft und Reichweite die auf Kuba stationierten Raketen hatten, und egal, wie viele es am Ende sein würden – die USA blieben turmhoch überlegen, konnten den Sowjets mit wesentlich größeren Schäden drohen als umgekehrt. Ohnehin waren Über- oder Unterlegenheit zu zweifelhaften Kategorien geworden, wie auch John F. Kennedy zu bedenken gab. «Es macht doch keinen Unterschied, ob man von Atomraketen in die Luft gesprengt wird, die aus der Sowjetunion oder nur aus einer Entfernung von 90 Meilen abgefeuert werden. Die Geographie spielt in diesem Fall keine große Rolle.» Damit war der militärstrategische Teil der Debatte beendet, ehe er richtig begonnen hatte.

Unannehmbar, darüber erzielte das «ExComm» ebenso schnell Einigkeit, waren die Raketen einzig und allein aus politischen Gründen. Sie hätten, wie der Präsident zu bedenken gab, die Konstellation der Macht scheinbar verändert. Weil aber – wie zu allen Zeiten und im Kalten Krieg erst Recht – der Schein Teil der Realität war, mussten die USA diesen Schein korrigieren. «Sie [die Sowjets] würden ansonsten so aussehen, als wären sie mit uns gleich.» Wegen Kuba nichts zu unternehmen, würde von den Sowjets wie eine Einladung zu fortgesetzten außenpolitischen Abenteuern verstanden werden. Vor allem war der Kreml drauf und dran, die militärische, technologische und wirtschaftliche Dominanz der USA symbolisch zu entwerten: Zum wiederholten Male fand man sich in der Defensive, erneut diktierte Nikita Chruschtschow das Geschehen, schon wieder war Washington mit Bedingungen konfrontiert, die Andere gesetzt hatten – eine Blamage ohnegleichen. Indem er die Sowjetunion direkt ins Spiel brachte, trieb Chruschtschow den Preis für einen «Regimewechsel» auf Kuba in die Höhe und mischte die Karten der gesamten Lateinamerikapolitik neu. «Gesetzt den Fall, es entsteht irgendein Problem in Venezuela», unkte Robert Kennedy, «dann wird sich Castro hinstellen und sagen: Wenn Ihr Truppen nach Venezuela schickt, dann werde ich diese Raketen abfeuern.» In anderen Worten: Eine Weltmacht, die in ihrem Hinterhof zur Untätigkeit verdammt ist, ist die längste Zeit Weltmacht gewesen.

«Das kann er mir nicht antun.» John F. Kennedy brachte obendrein eine stark persönliche Note in die Diskussion. Just zu der Stunde, als McGeorge Bundy ihm die Nachricht der Fotoanalysten überbrachte, war Kennedy mit der Lektüre der *New York Times* beschäftigt. Einer der Aufmacher auf der Titelseite vom 16. Oktober trug die Überschrift: «Eisenhower wirft dem Präsidenten außenpolitische Schwäche vor – Spricht von ‹trüber Bilanz›, stellt Kennedys Behauptungen über Erfolge seiner Administration in Frage.» Auf Schritt und Tritt holte ihn die Erinnerung an die Schweinebucht und an das Gipfeltreffen mit Chruschtschow in Wien ein, an Sätze, die er damals seiner Umwelt eingebläut hatte: «Wenn er [Chruschtschow] glaubt, ich sei unerfahren und hätte keinen Mumm, dann werden wir nie mit ihm weiterkommen, es sei denn, wir bringen ihn von dieser Vorstellung ab. [...] Wenn Chruschtschow mich demütigen will, [...] dann ist alles aus. [...] Er muss uns in Aktion sehen.» Je näher die Vorbereitungen für seine Wiederwahl im Jahr 1964 rückten, desto entschiedener zog Kennedy gegen das Bild von Schwäche und Unentschiedenheit zu Felde. Eben deshalb beschrieb sein Berater und Freund Robert McNamara die Raketen als «innenpolitisches Problem» – weil Kennedy keinen Unterschied machte zwischen nationaler und persönlicher Sicherheit, zwischen Amt und Person, zwischen einer Bedrohung des Landes und einer Gefahr für seine Karriere. Allein aus diesem Grund durfte Chruschtschow nicht ungestraft davonkommen: «Hat er mir also in die Eier getreten – wieder einmal.»

Damit hatte sich das «ExComm» festgelegt: Man wollte ein Exempel statuieren, mit einer eindrucksvollen Inszenierung die Macht der Vereinigten Staaten und die Durchsetzungsfähigkeit ihres Präsidenten unter Beweis stellen. Sowjetische Raketen, Bomber und Soldaten aus Kuba zu entfernen, war wichtig. Noch mehr zählte indes die Art und Weise des Abzugs, das symbolische Arrangement: Chruschtschow sollte vor aller Augen in die Knie gehen, er hatte die von Washington formulierten Bedingungen ohne Wenn und Aber zu akzeptieren. Um des schieren Eindrucks willen musste Kennedy das Gesetz des Handelns bestimmen und seine Forderungen in kürzest möglicher Frist durchsetzen. «Ich glaube nicht», so der Präsident, «dass wir in dieser Frage sehr viel Zeit haben. Wir können uns nicht erlauben, zwei Wochen zu warten, bis wir uns bewegen.» «Time is of the essence» – alles hängt vom Faktor Zeit ab: In dieser Logik hatte Diplomatie selbstredend keinen Platz, wie John F. Kennedy mehrfach betonte. «Wir würden alle Vorteile [...] verlieren. [...] Möglicherweise würden sie durch all dies nur vorgewarnt. [...] Wir würden eine Woche verlieren.» Selbstverständlich kann niemand wissen, ob und wie Chruschtschow auf diskrete Kontakte reagiert hätte; seine ehemaligen Berater sind noch heute uneins darüber. Entscheidend ist, dass Washington aus prinzipiellen Gründen nicht daran interessiert war. Ein diplomatischer Erfolg, ein vorzeitiges und unspektakuläres Einlenken der Sowjets, hätte die gewünschten Effekte eines «Showdown» vermasselt.

Mehrheitlich für eine militärische Lösung zu votieren, war das Eine; sich auf eine konkrete Strategie zu einigen, etwas ganz Anderes. Vier Varianten standen dem «ExComm» zur Auswahl: ein «chirurgischer Luftangriff», der ausschließlich die sowjetischen Raketenstellungen zum Ziel hatte; ein umfassender, auch gegen Kubas Militär und Wirtschaft gerichteter Luftangriff; eine mit Luftangriffen und Sabotage vorbereitete Invasion der Insel; eine Blockade der Seewege. Von Erwägungen der militärischen Zweckmäßigkeit abgesehen, ging es dabei auch und gerade um politisch Grundsätzliches: Sollte man nur die Raketen ins Visier nehmen oder mit ihnen zugleich Fidel Castro und sein Regime aus dem Weg räumen? Vor allem aber: Wie schätzte man die Gefahren ein, welches Risiko war man bereit einzugehen?

Für Robert McNamara gab es nicht den geringsten Zweifel: Rational denkende Männer zähmen das Irrationale, halten jedes Geschehen unter Kontrolle, setzen militärische Gewalt dosiert, punktuell und überschaubar ein. Wer ihm zuhörte, musste den Eindruck gewinnen, dass die Steuerung von Krisen und Kriegen nur eine Frage der mathematischen Vernunft war, genauer gesagt von der Fähigkeit abhing, Fakten, Tabellen und Statistiken in Optionen ersten, zweiten, dritten und n-ten Grades zu übersetzen. Nicht umsonst nannten ihn seine Mitarbeiter «Computer». McNamara war ein einzigartiger Organisator; niemand sondierte genauer die Herausforderungen institutionellen Managements, keiner konnte mithalten, wenn es galt, eine betriebswirtschaftliche Kosten-Nutzen-Rechnung auf Politik und Ge-

sellschaft zu übertragen. Mit Systemanalyse und computersimu-
lierter Feinabstimmung, davon war der Verteidigungsminister
überzeugt, ließ sich das Unquantifizierbare quantifizieren und
jede Lebenswelt den Regeln der Logik gemäß manipulieren. Es
schien, als wollte er das Pentagon führen wie er zuvor die Ford
Motor Company geleitet hatte. «Wir müssen eine sehr genaue
Vorstellung davon haben, wie die Welt nach diesen verschie-
denen Maßnahmen aussehen würde. Und ich lege noch einmal
Wert darauf, dass dies alles schriftlich festgehalten wird.» Intelligent und kraftvoll, couragiert und wagemutig, anständig und
skrupellos, so erlebte ihn seine Umwelt. «Er war», in den Worten des Journalisten David Halberstam, «wirklich alles, nur
nicht weise.» Curtis LeMay, der Stabschef der Luftwaffe, argu-
mentierte ähnlich, wenn auch drastischer. Von McNamara gefragt, ob man mit Luftangriffen die Raketen beschädigen
könnte, ohne sie zu zerstören, ob es möglich sei, aus der Luft
sowjetisches Bodenpersonal zu verwunden, aber nicht zu töten,
antwortete LeMay: «Sie müssen den Verstand verloren haben.»

Andererseits trug McNamara mit seinem beharrlichen Nachfragen auch zur Verunsicherung des «ExComm» bei. Je länger
diskutiert wurde, desto mehr dämmerte es den «Besten und
Klügsten», dass sie auf viele Fragen nicht annähernd eine Antwort hatten. Würden die Russen in Berlin für Kuba Rache nehmen? Für diesen Fall sah Kennedy den Einsatz von Atomwaffen
als einzige Antwort – «eine wahrlich tolle Alternative», wie der
Präsident den Vereinten Stabschefs zu verstehen gab. Dass die
Geheimdienste täglich mit neuen Ergebnissen aufwarteten, war
auch nicht immer hilfreich, warf doch jede gesicherte Information zig neue Probleme auf. Wann genau waren die mittlerweile
einwandfrei identifizierten R-12 Raketen einsatzbereit? Hatte
man tatsächlich alle Abschussrampen für die R-14 entdeckt?
Waren die dazugehörenden Raketen bereits geliefert worden?
Nur eines glaubte Maxwell Taylor mit Sicherheit sagen zu können: dass selbst ein massiver Luftangriff keine Gewähr für eine
Zerstörung aller bis dato georteten Raketen bot. Vier Tage lang
wurde im «ExComm» kontrovers diskutiert, phasenweise mit
kaum unterdrückten Aggressionen, sprunghaft und wankelmü-

tig. Manche änderten ihre Meinung im Stundentakt. Wer mit wem aus welchen Gründen übereinstimmte oder sich überwarf, war kaum voraussehbar. Selbst eine Mehrheit von 11 : 6 für eine Blockade, ermittelt bei einer Probeabstimmung am 18. Oktober, hielt nur wenige Stunden vor. Am Ende des Tages war das «Ex-Comm» von einer Einigung so weit entfernt wie am ersten Tag.

Ein früher Konsens scheiterte immer wieder an der Unentschiedenheit der Wortführer Robert Kennedy und Robert McNamara. Zwar teilte der Bruder des Präsidenten die Meinung von Maxwell Taylor, John McCone, Douglas Dillon, U. Alexis Johnson, Paul Nitze oder Dean Acheson, dass nur ein militärisch erzwungener «Regimewechsel» in Frage kam. Im Unterschied zu diesen standhaften, durch nichts zu irritierenden «Hardlinern» wollte er aber von Luftangriffen nichts wissen, zu groß erschien das Risiko, dass man die USA im In- und Ausland eines Pearl Harbor mit vertauschten Rollen bezichtigte. «Wir würden dafür ganz gehörig Zunder bekommen.» Aus politischen Gründen plädierte Robert Kennedy daher für eine sofortige Invasion, vorbereitet durch einen Zwischenfall, den man Kuba zuschreiben würde – etwa das Versenken eines amerikanischen Schiffes oder Angriffe auf den US-Stützpunkt Guantanamo. Für eine Blockade hatte Robert Kennedy anfänglich nur abfällige Bemerkungen wie «langsamer Tod» – gemeint war politischer Selbstmord – übrig; dass er diese Option am Ende unterstützte, hing wie gehabt mit politischen Opportunitätserwägungen zusammen. Wenn Chruschtschow eine offensichtliche Chance zum Rückzug nicht nutzte, lieferte er den USA die beste aller Angriffsbegründungen. Robert McNamara ging den umgekehrten Weg: Hatte er anfänglich selbst «chirurgische Luftangriffe» als zu riskant abgelehnt und deshalb einer Blockade den Vorzug gegeben, so plädierte er zwischenzeitlich im Namen der Risikominimierung für eine Invasion, ehe er erneut der Blockade das Wort redete, den Vorbehalt eines neuerlichen Meinungswechsels inbegriffen. «Die Konsequenzen dieser Aktionen sind noch immer nicht hinreichend durchdacht.»

Absage an die Diplomatie

Obwohl auf verlorenem Posten, bemühten sich die Diplomaten im «ExComm» nach Kräften um eine Abkühlung der Gemüter. «Das Urteil der Geschichte stimmt in den seltensten Fällen mit der Leidenschaft des Augenblicks überein», so Adlai Stevenson in einem Memorandum vom 17. Oktober. Stevenson, Kennedys großer parteiinterner Widersacher der 1950er Jahre und seit 1961 als Botschafter bei der UNO auf dem Abstellgleis, monierte die vorzeitige Festlegung des «ExComm». Statt alle Energie auf die Diskussion militärischer Optionen zu verwenden, hätte man sich auch Zeit für ein Nachdenken über politische Ausstiegsmöglichkeiten geben müssen. War es vorstellbar, dass Chruschtschow «in aller Stille» seinen Kurs änderte? Zu welchen Gegenleistungen war Washington bereit? Wie konnte man die Sowjets zu einem Rückzug bewegen, ohne sie mit leeren Händen dastehen zu lassen? Was würde ihnen die Furcht vor einem Gesichtsverlust nehmen? Stevenson wollte sich mit den Raketen ebenso wenig abfinden wie mit dem Ausbau Kubas zu einem sowjetischen Militärstützpunkt. Aber auch die USA mussten seines Erachtens einen Preis zahlen, vielleicht in Gestalt einer Gewaltverzichtserklärung gegenüber Kuba, möglicherweise durch den Rückzug aus Guantanamo, wahrscheinlich durch einen Verzicht auf die Stationierung von Atomwaffen außerhalb der eigenen Landesgrenzen. «Bevor wir irgendetwas unternehmen, muss klar sein, dass die Existenz von Atomwaffenbasen auf der ganzen Welt Gegenstand von Verhandlungen sein kann.»

Mit konkreten Vorschlägen hielt sich Llewellyn Thompson zu diesem Zeitpunkt noch zurück. Aber vor dem Hintergrund seiner langjährigen Erfahrungen als Botschafter in Moskau riet er entschieden davon ab, Chruschtschow in die Enge zu treiben. Er sah den Kreml-Chef als Politiker, dem es in erster Linie um die Anerkennung der UdSSR als gleichberechtigte Großmacht ging. Und er hatte ihn, abseits der üblichen Theatralik, als risikobewusst, wenn nicht risikoscheu erlebt. Wissend, dass er nach dem Abschuss einer U-2 im April 1960 seine Karten überreizt und Eisenhower mit dem unablässigen Drängen nach einer offiziellen Entschuldigung überfordert hatte, wandte sich Chruschtschow damals an Thompson: «Ich muss mit Ihnen reden. Diese U-2-Geschichte hat mich in eine Zwickmühle gebracht. Sie müssen mich da rausbringen.» Also sollte man ihm auch jetzt die Möglichkeit zu einem rechtzeitigen Rückzug offen halten. Die Vorstellung, die Sowjets hätten es auf eine militärische Konfrontation in der Karibik angelegt oder würden zu einem Vergeltungsschlag gegen Berlin ausholen, wies Thompson als selbstgefällige Panik uninformierter Ignoranten zurück. Nicht auszuschließen, dass man am Ende tatsächlich eine Blockade würde verhängen müssen; aber vorher sollten andere Möglichkeiten geprüft und ausgeschöpft sein.

Am 18. Oktober bietet sich tatsächlich die Gelegenheit zur Diplomatie. Der sowjetische Außenminister Andrei Gromyko trifft zu einem seit langem vereinbarten Besuch in Washington ein. Für 17 Uhr ist er mit dem Präsidenten verabredet, am Abend schließt sich ein Arbeitsessen mit Dean Rusk im Außenministerium an, Gespräche, die zu den merk- und denkwürdigsten in der Geschichte des Kalten Krieges zählen. Keine Seite nennt die Raketen auf Kuba beim Namen, dennoch sprechen alle Beteiligten über nichts anderes.

Gromyko geht mit dem Vorsatz ins Weiße Haus, mit einer Dramatisierung des ungelösten Berlinproblems seine Gastgeber abzulenken, muss aber angesichts bohrender Nachfragen auch zu Kuba Stellung nehmen. Weil die USA fortwährend die Insel bedrohten und eine Kolonialpolitik im Stil des 19. Jahrhunderts betrieben, sehe sich Moskau zur Verteidigung Kubas verpflichtet. Anders als in früheren Verlautbarungen bezeichnet Gromyko die an Castro gelieferten Waffen nicht mehr nur als «defensiv», sondern zweifelt am Sinn der amerikanischen Unterscheidung zwischen «defensiven» und «offensiven» Waffensystemen. Nicht auf technische Fähigkeiten kommt es seines Erachtens an, sondern auf die politische Absicht. In anderen Worten: Egal, welche Waffen auf Kuba stationiert sind, sie dienen nicht als Druck- oder Drohmittel gegen die USA, sondern sollen von militärischen Aggressionen gegen die Regierung Castro abschrecken. Gegenüber Dean Rusk wird Gromyko noch deutlicher: Dem amerikanischen Beispiel folgend, hätte auch die UdSSR ein Recht auf Stützpunkte in unmittelbarer Nähe ihres Kontrahenten. Und Moskau beansprucht, Art und Umfang der Waffenlieferungen an Drittländer geheim zu halten – wie die USA, die bis dato auch keine Informationen über amerikanische Atomwaffen in anderen Ländern zur Verfügung stellen. Gromykos Absicht liegt auf der Hand: Er will herausfinden, wo die politische Schmerzgrenze für die Administration Kennedy liegt, ob sich die Amerikaner mit einer Raketenstationierung zähneknirschend abfinden oder einen großen Konflikt riskieren würden.

Auch John F. Kennedy nutzt dieses Gespräch zu einem Spiel über Bande. Einerseits beschuldigt er die Sowjets, auf Kuba «die vielleicht gefährlichste Situation seit dem Ende des Zweiten Weltkrieges» geschaffen zu haben. Gemeint sind die seit Sommer zu beobachtenden Waffenlieferungen und die Tatsache, dass amerikanische «Hardliner» den Präsidenten mittlerweile zunehmend unter Druck setzen. Kennedy stellt sich als Mann guten Willens dar, der eigentlich dem Ruf nach einer Invasion widerstehen möchte, aber unter Umständen doch keine andere Wahl hat. «Ich weiß nicht, worauf das hinauslaufen wird.» Andererseits spricht Kennedy von der Bereitschaft zu einem Modus Vivendi mit Castro, will sogar eine Gewaltverzichtserklärung gegenüber Kuba nicht ausschließen. Will er Gromyko in falscher Sicherheit wiegen, ihn in die Irre führen, eine Falle stellen? Zumindest hofft er, wie sein Vertrauter Theodore Sorensen Jahre später sagen wird, dass Gromyko die Stationierung von Atomraketen nicht zugibt. «Das war Kennedys Hoffnung, glaubte er doch, wir hätten dann einen Vorteil im Kampf um die Weltmeinung.»

Am 18. und 19. Oktober unterrichtete Andrei Gromyko den Kreml in zwei ausführlichen Telegrammen über die Gespräche in Washington. Er betonte, dass seines Erachtens der Druck der «Extremisten» auf Kuba nachgelassen hatte und schätzte die Gefahr eines amerikanischen Militäreinsatzes gegen Kuba als äußerst gering ein. «Alles, was wir über die amerikanische Position zu Kuba wissen, lässt den Schluss zu, dass die Lage im Großen und Ganzen völlig zufrieden stellend ist. [...] Unter diesen Bedingungen ist es so gut wie ausgeschlossen, sich ein militärisches Abenteuer der USA gegen Kuba vorzustellen.» «Völlig zufrieden stellend», «so gut wie ausgeschlossen»: Wie Gromyko sich derart versteigen konnte, gibt Rätsel auf, zumal Dean Rusk Amerikas Interesse an Kuba mit dem sowjetischen Interesse an Ungarn gleichgesetzt hatte, eine deutliche Anspielung auf die Intervention im Jahr 1956. Vermutlich ging Gromyko davon aus, dass seine Gesprächspartner in Sachen Kuba ebenso blufften wie er mit Blick auf Berlin. Oder er gab dem eigenen Wunschdenken nach, ein Verlangen, das offensichtlich auch die sowjetische Vertretung in Washington ergriffen hatte. Anatoli Dobrynin, kurz zuvor als neuer Botschafter akkreditiert, fasste seine Eindrücke am 18. Oktober in einem Telegramm nach Moskau wie folgt zusammen: «Bei aller Wichtigkeit der Kuba-Frage für die USA ist diese Frage zur jetzigen Zeit nicht das Hauptproblem.»

Die Entscheidung für die Blockade

48 Stunden später entschied sich das «ExComm» für eine Blockade Kubas. Bis zu diesem Zeitpunkt hatte auch John F. Kennedy täglich seine Meinung geändert. Ob die Blockade ihren Zweck erfüllen würde, erschien ihm nach wie vor fraglich. Wie sein Bruder und Robert McNamara war der Präsident jedoch mittlerweile davon überzeugt, aus politischen Gründen keine andere Wahl zu haben, fürs Erste zumindest. Die Europäer, so ihre Befürchtung, würden Luftangriffe oder eine Invasion Kubas vermutlich ablehnen, sei es mit dem Hinweis auf die Gefährdung West-Berlins, auf die amerikanischen Raketen in der Türkei – oder weil sie die Amerikaner schlicht für «Kuba-besessen» hielten. In der Tat machte der britische Premierminister Harold Macmillan wenig später dergleichen Einwände in einem vertraulichen Brief an Kennedy geltend. Sie wurden in Washington als Beleg für einen Positionsvorteil Chruschtschows gedeutet. Eine Blockade konnte, bei allen Zweifeln an ihren Erfolgs-

aussichten, zumindest diesen Vorteil relativieren, wenn nicht wettmachen. Sie sollte kein militärisches Kommandounternehmen sein, sondern als politische Botschaft verstanden werden. Den Sowjets gab man Zeit zu einem Rückzug; der Weltöffentlichkeit signalisierte man den Willen zur Einhegung des Konflikts. Sollte es dennoch zur Eskalation kommen, lag die Verantwortung bei Chruschtschow.

Noch immer war der Widerstand im «ExComm» beträchtlich. Wieso sollte der Kreml eine Blockade als politisches Signal und nicht als kriegerischen Akt begreifen? Weshalb wäre eine Eskalation beim Zusammenstoß mit sowjetischen Schiffen oder U-Booten weniger wahrscheinlich als im Gefolge eines Angriffs auf Kuba? Die Aufregung legte sich erst, als Robert McNamara und John F. Kennedy ihre Bereitschaft zu einer härteren Gangart betonten. Was er sich darunter vorstellte, hatte McNamara seinen Kollegen bereits am 16. Oktober dargelegt: Parallel zur Blockade würden die amerikanischen Streitkräfte in höchste Alarmbereitschaft versetzt, die Sowjets sollten sehen, wie viele Bomber, Raketen und Truppen nicht allein gegen Kuba, sondern auch gegen die UdSSR in Stellung gebracht wurden. John F. Kennedy machte seinerseits klar, dass er im Fall einer unannehmbaren Reaktion Chruschtschows eine Invasion befehlen würde. «Ich möchte die Gewissheit haben, dass wir keine Zeit mehr mit Vorbereitungen zu verlieren brauchen.» McNamara hatte beruhigende Nachrichten: Luftangriffe konnten in jedem gewünschten Umfang ab Dienstag, den 23. Oktober, geflogen werden; eine Brigade Marineinfanteristen befand sich auf dem Weg von Kalifornien nach Florida und würde die Invasionsstreitmacht im Laufe der nächsten Woche komplettieren. Unter diesen Voraussetzungen stimmte die Mehrheit im «ExComm» für die Blockade. Das Votum war ein vorübergehendes Stillhalteabkommen, mehr nicht.

Insbesondere die höchsten Militärs bereiteten dem Präsidenten Kopfzerbrechen. Von den Vereinten Stabschefs genoss nur Maxwell Taylor sein uneingeschränktes Vertrauen; mit allen anderen hatte er seit Beginn seiner Amtszeit zum Teil heftige Kontroversen ausgetragen. Unvergessen war der Streit um

den Einsatzplan für die strategischen Luftstreitkräfte (SIOP).
Nicht genug damit, dass die Verantwortlichen wie selbstverständlich davon ausgingen, im Kriegsfall sofort 3500 Atomwaffen gegen 1077 Ziele in der UdSSR und der VR China einsetzen
zu müssen. Der Stabschef der Luftwaffe, Curtis LeMay, und der
Chef des Strategischen Bomberkommandos, Thomas Power,
traten obendrein als entschiedene Befürworter einer atomaren
Erstschlagsoption auf. «Ich möchte diesen Mann nie wieder in
meiner Nähe sehen», hatte John F. Kennedy nach einem der legendären Vorträge LeMays über die Unvermeidlichkeit eines
Krieges gegen die UdSSR gegiftet. Im Laufe der Kuba-Krise traf
sich der Präsident nur ein einziges Mal mit allen Stabschefs; die
Konferenz vom 19. Oktober endete in einem Desaster. Wieder
einmal war es LeMay, der Kennedy herausforderte, indem er die
Sorgen um eine Eskalation als «Unfug» abtat und die Überlegungen für eine Blockade als Zeichen der «Schwäche» denun-
zierte. «Das wird uns unausweichlich einen Krieg bescheren.
Das ist fast so schlimm wie die Beschwichtigungspolitik in München.» Ein verbaler Tiefschlag, spielte LeMay damit auf die Ap-
peasement-Politik von Kennedy Sr. in den 1930er Jahren an.
Von Maxwell Taylor abgesehen, hatten die anderen Stabschefs
mit dergleichen Injurien kein Problem. Nachdem Kennedy gegangen war, lästerten sie über seine Kriegsangst, als wäre ein
Scheitern der Blockade ein Segen für das Land. «Ich hätte nie
gedacht», so Earle Wheeler, «dass ich noch den Tag erleben
würde, an dem ich mir wünschte in den Krieg zu ziehen.» Ohne
diesen Kommentar des Stabschefs der Armee gehört zu haben,
wusste der Präsident, dass sich die Stimmung abrupt gegen ihn
wenden konnte. Generale an ihre Loyalitätspflicht erinnern zu
müssen, ist in der Geschichte amerikanischer Präsidenten jedenfalls ein ungewöhnlicher Vorgang. «Ich weiß, dass Sie und Ihre
Kollegen mit der Entscheidung unglücklich sind», so Kennedy
zu Maxwell Taylor mit der Bitte um Weitergabe, «aber ich ver-
traue darauf, dass Sie mich in dieser Sache unterstützen.»

Auch um die Unterstützung des Kongresses musste der Präsident buhlen. Offenbar fühlte sich die Mehrheit der Abgeord-
neten mehr den Exilkubanern oder anderen Lobbyisten als der

Mehrheit ihrer Wähler verpflichtet. 65 Prozent aller vom Meinungsforschungsinstitut Gallup Befragten lehnten Anfang Oktober eine Invasion ab, ein Wert, der seit der «Schweinebucht» konstant geblieben war und sich auch in den Tagen der Raketenkrise nicht ändern sollte. Auf Capitol Hill machten diese Daten keinen Eindruck, wie die am 3. Oktober 1962 vom Senat und Repräsentantenhaus verabschiedete gemeinsame Resolution zeigte, die John F. Kennedy Carte Blanche für die Anwendung militärischer Gewalt gegen Kuba gab. Weshalb er davon keinen Gebrauch machte und sich stattdessen für eine wachsweiche Blockade entschieden hatte, wollten politische Schwergewichte wie Senator Richard Russell, der Vorsitzende des Streitkräfteausschusses, oder Senator William Fulbright, Vorsitzender des Außenpolitischen Ausschusses, wissen. Im Grunde signalisierten sie Kennedy, dass ein nochmaliges Scheitern an Kuba das Ende seiner politischen Karriere bedeutete. «Wir müssen uns jetzt entscheiden», so Russell, «entweder sind wir eine Großmacht erster Klasse, oder wir sind es nicht.»

Insofern lag Walt Whitman Rostow, politischer Referent beim Nationalen Sicherheitsrat, richtig, als er zu einer intensiven Öffentlichkeitsarbeit riet. «Wir sollten versuchen, diese Krise so weit wie eben möglich zu dramatisieren – und zwar nicht als eine kubanische Krise, sondern als eine weltweite Auseinandersetzung mit dem Kommunismus, an der wir alle mit gleichen Interessen und gleichem Risiko beteiligt sind.» «ExComm», Weißes Haus, Außenministerium und U. S. Information Agency waren der gleichen Meinung und erstellten einen detaillierten, auf drei Aspekte fixierten Fahrplan: Die Raketenstationierung musste als Blitz aus heiterem Himmel dargestellt werden; die ganze Aufmerksamkeit war auf die von Kuba ausgehende militärische Bedrohung zu richten; zugleich galt es die Besonnenheit und den Weitblick der Krisenmanager in Washington zu betonen.

Für den Abend des 22. Oktober war eine Radio- und Fernsehansprache John F. Kennedys angekündigt worden, vorbereitet durch eine der aufwändigsten Public-Relations-Kampagnen in der Geschichte des Kalten Krieges. Die Chefredakteure und Herausgeber der wichtigsten Medien wurden auf die offizielle

Lesart des Weißen Hauses eingeschworen – mit Erfolg, versagte doch nur ein prominenter Journalist, Walter Lippmann nämlich, in den folgenden Tagen die Gefolgschaft. 15 unterschiedliche Briefe des Präsidenten wurden im Laufe des Nachmittags an weltweit 441 Adressaten übermittelt, 95 in Washington akkreditierte Botschafter unterrichtete man in persönlichen Gesprächen, alle Regierungschefs und Präsidenten Lateinamerikas – Kuba ausgenommen – erhielten die Ansprache John F. Kennedys in spanischer Übersetzung sowie einen Begleittext des Präsidenten und den Entwurf einer von der Organisation Amerikanischer Staaten (OAS) zu verabschiedenden Resolution, die Botschafter der NATO-, SEATO- und CENTO-Staaten wurden in eigens anberaumten Sitzungen informiert, diplomatische Emissäre sprachen in London, Paris, Bonn und im UNO-Hauptquartier in New York vor. Nicht zuletzt hatten die U. S. Information Agency und die Voice of America Kennedys Rede in mehrere Sprachen übersetzt und technisch kompatible Ton- und Filmträger an Radio- und Fernsehstationen in aller Herren Länder verteilt. Mittelwellensender standen zur Übertragung in den buchstäblich letzten Winkel der Erde bereit, allein Teile Afrikas mussten am Ende Verzögerungen in Kauf nehmen, weil eine Telegraphenstation in Nikosia ausgefallen war. Um 19 Uhr Washingtoner Zeit trat John F. Kennedy vor die Kameras und Mikrophone.

Erste Reaktionen in Moskau und Havanna

Nikita Chruschtschow wird wenige Stunden vorher über Kennedys anstehenden Fernsehauftritt unterrichtet. «Wahrscheinlich haben sie unsere Raketen entdeckt», sagt er zu seinem Sohn Sergej, bevor er zu einer für 22 Uhr anberaumten Sitzung des Politbüros in den Kreml fährt. Chruschtschow bildet keinen Krisenstab, sondern wird sich wie üblich mit den Vollmitgliedern und Kandidaten des Politbüros, mit dem Außen- und Verteidigungsminister und mit Referenten des Zentralkomitees der KPdSU beraten. An diesem Abend ist die Runde kleiner als üblich: Einige Mitglieder des 11-köpfigen Politbüros sind wegen anstehender

Reformprojekte in der Provinz unterwegs, andere machen Urlaub, unter ihnen Chruschtschows Stellvertreter, Anastas Mikojan; er kann noch rechtzeitig nach Moskau zurückkehren, Andrei Gromyko indes wird erst in der Nacht von seinem USA-Besuch zurückerwartet. Chruschtschow stört sich nicht daran; wichtig ist nur, dass neben Mikojan die anderen starken Männer des Politbüros anwesend sind: Frol Koslow, Alexei Kossygin und Leonid Breschnew. Aus gegebenem Anlass wird auch der Oberbefehlshaber der Strategischen Luftstreitkräfte, Sergej Birjusow, hinzugezogen. Der Chef des KGB, Wladimir Semischastny, nimmt an keiner der Krisensitzungen teil; er wird weiterhin die eingehenden Geheimdienstberichte sichten und die wichtigsten zur Weitergabe an Chruschtschow auswählen.

«Sie haben es vermasselt», blafft Chruschtschow Verteidigungsminister Rodion Malinowski an. «Da gibt es überhaupt nichts zu kommentieren. Bleiben Sie sitzen.» Der Kreml-Chef ist völlig überrascht, hatte offenbar bis zuletzt damit gerechnet, dass er seinem ursprünglichen Fahrplan entsprechend im November die Welt vor vollendete Tatsachen stellen könnte. Jetzt dämmert es ihm, dass die Geheimhaltung ein schwerer Fehler war, dass er sich und sein Land in eine unüberschaubare Situation manövriert hatte. «Sie können uns angreifen, und wir werden reagieren. Das kann auf einen großen Krieg hinauslaufen.» Obwohl der Text von Kennedys Rede noch nicht vorliegt, denkt Chruschtschow laut über mögliche Antworten nach. Sollte man umgehend, am besten über Radio, den Verteidigungs- und Beistandspakt zwischen Kuba und der UdSSR bekannt machen? Wäre es klug, im Falle einer Invasion alle bis dato gelieferten Waffen den Kubanern zu überlassen? Wie würden die USA reagieren, wenn Kuba ankündigte, sich mit sowjetischen Waffen verteidigen zu wollen? Sollte den sowjetischen Truppen zum Zweck der Selbstverteidigung ein Einsatz nuklearer Gefechtsfeldwaffen erlaubt werden? Wie über diese Fragen diskutiert wird und wer sich mit welchen Argumenten zu Wort meldet, ist den bis dato vorliegenden Akten nicht zu entnehmen. Gesichert ist indes, dass Nikita Chruschtschow die Runde eindringlich an sein oberstes Credo erinnert: Einen Krieg mit den Vereinigten

Staaten darf es auf keinen Fall geben. «Es ist doch so», fasst er Sinn und Zweck der «Operation Anadyr» zusammen, «wir wollten keinen Krieg anzetteln. Wir wollten sie bloß einschüchtern und die anti-kubanischen Kräfte abschrecken.»

In dieser Situation musste man sich vor allem über eine Frage Klarheit verschaffen: Wer hatte eine Einsatzbefugnis über die auf Kuba stationierten Atomraketen? Unter welchen Umständen durfte wer die Verwendung welcher Waffen anordnen? Im Juli 1962, «Operation Anadyr» hatte gerade begonnen, gab Chruschtschow dem Oberkommandierenden der Kuba-Expedition, Issa Plijew, folgende mündliche Instruktionen mit auf den Weg: Die Mittelstreckenraketen vom Typ R-12 und R-14 durften unter keinen Umständen ohne die persönliche Erlaubnis Chruschtschows eingesetzt werden, noch nicht einmal im Falle einer durch Kampfhandlungen gestörten oder blockierten Kommunikation mit Moskau. Verteidigungsminister Malinowski, sein erster Stellvertreter und Chef des Generalstabs der sowjetischen Streitkräfte, Marschall Matwei Sacharow, sowie Generalleutnant Semjon Iwanow, Leiter der operativen Hauptabteilung des Generalstabes, waren zu diesem Gespräch hinzugezogen worden. Sie bestätigten, dass Chruschtschows Vorgaben für die atomaren Gefechtsfeldwaffen beileibe nicht so strikt waren. Auch diese Waffen sollten auf keinen Fall überhastet und nur unter extremen Umständen verwendet werden; aber Plijew durfte von ihnen nach eigenem Ermessen Gebrauch machen, falls er – aus welchen Gründen auch immer – keinen Kontakt zur politischen Führung herstellen konnte. Nur in einem Punkt verfügte Chruschtschow eine Korrektur, niedergelegt in einer schriftlichen Direktive an Issa Plijew vom 8. September 1962: gegen den US-Stützpunkt Guantanamo taktische Nuklearwaffen abzufeuern war nur mit ausdrücklicher Genehmigung Moskaus erlaubt. Im Übrigen wurde in dieser Weisung das strikte Einsatzverbot für alle Mittelstreckenraketen erneuert, die von Land oder von der See her das amerikanische Festland hätten erreichen können.

Erst unter dem Druck der Ereignisse vom 22. Oktober erkannte Chruschtschow die Brisanz der Befehlslage. Dass er im

Falle der nuklearen Gefechtsfeldwaffen keine besonderen Vorkehrungen getroffen und stattdessen die üblichen Einsatzrichtlinien der sowjetischen Streitkräfte einfach bestätigt hatte, war
unüberlegt und gedankenlos wie vieles andere bei der «Operation Anadyr». Im Licht der unerwarteten Zuspitzung erscheinen die mündlichen wie schriftlichen Direktiven an Issa Plijew
gar in höchstem Maße verantwortungslos. Anfang Oktober
hatte General Anatoli Gribkow, zur Inspektion der Stationierungsarbeiten nach Kuba beordert, in einem persönlichen Gespräch mit Plijew und im Auftrag des Verteidigungsministers
die ursprünglichen Weisungen vom Juli noch einmal bestätigt –
ein Desaster angesichts der drei Wochen später nicht mehr aus-
zuschließenden Invasion amerikanischer Truppen.

Gegen 23:30 Uhr am 22. Oktober, anderthalb Stunden bevor
der Text von John F. Kennedys Rede eintraf, hatte man sich in
Moskau auf neue Instruktionen für Issa Plijew geeinigt. Dem
Kommandeur auf Kuba wurde der eigenmächtige Einsatz von
Atomraketen strikt untersagt – egal, ob es sich um Mittelstreckenraketen oder nukleare Gefechtsfeldwaffen handelte, gleich-
gültig, welche Umstände auf Kuba im Laufe einer militärischen
Auseinandersetzung eintraten, unabhängig davon, ob die Nach-
richtenverbindungen in die Sowjetunion offen oder gestört waren. «Kategorisch verboten» lautete die Formulierung, die sich
auch auf die weitab der Raketen gelagerten Sprengköpfe bezog;
sie für einen Einsatz vorzubereiten, bedurfte ebenfalls der ausdrücklichen Genehmigung des Kreml. Unklar ist, ob das Telegramm an Plijew kurz vor Mitternacht oder erst wenige Stunden später verschickt wurde. Aber Chruschtschow hatte gerade
noch rechtzeitig einen wichtigen Schritt zur Risikokontrolle getan, zumindest auf dem Papier.

Ganz anders Fidel Castro. Ihn versetzte die bloße Ankündigung der Kennedy-Rede in Hochstimmung, nervliche Anspan-
nung, Ausnahmezustand und Kriegsgefahr wirkten auf den
«Máximo Líder» wie ein Elixier. So jedenfalls schilderten es
Personen aus seiner nächsten Umgebung, in diesem Sinn äußerte
sich Castro zwei Wochen später gegenüber Anastas Mikojan.
Seit der «Schweinebucht» hatte man mit einem neuerlichen An-

griff der Amerikaner gerechnet. Aber im Unterschied zum Frühjahr 1961 würden die verhassten «Yankees» dieses Mal, dank der Lieferungen des Warschauer Paktes und der VR China, auf die am besten ausgerüstete und ausgebildete Armee in Lateinamerika treffen. Als Castro kurz vor 18 Uhr Ortszeit am 22. Oktober die allgemeine Mobilmachung ausrief, verfügte er über eine Streitmacht, die minimal mit 350 000, maximal mit 420 000 Mann beziffert wird; ein Drittel gehörte zur regulären Armee, der Rest bestand aus Arbeiter-, Bauern- und Studentenmilizen – Zahlen, die doppelt so hoch lagen wie zur Zeit der «Schweinebucht» und bei einer Bevölkerung von knapp sieben Millionen das Kriterium der totalen Mobilisierung erfüllen. Für Ruhe und Ordnung auf der in drei Verteidigungszonen aufgeteilten Insel sorgten ferner der Geheimdienst und die ihm zuarbeitenden «Komitees zur Verteidigung der Revolution», ein Blockwartsystem mit lückenlosem Zugriff auf alle Wohngebiete. Ob die Bevölkerung von der Repression eingeschüchtert war, wegen der zahlreichen Bildungs-, Gesundheits- und Landreformen an die Revolution glaubte oder schlicht die Amerikaner ablehnte, sei dahingestellt – wahrscheinlich erklären alle drei Faktoren die innenpolitische Stabilität im Herbst 1962. Hatte Castro im Vorfeld der «Schweinebucht» noch eine halbe Million «Konterrevolutionäre» verhaften und in Sportstadien und Theatern kurzfristig internieren lassen, so kam es während der Raketenkrise kaum zu Festnahmen. Castro gab sich siegesgewiss, schrieb in einem hastig verfassten Artikel für die nächste Ausgabe der Zeitung *Revolución* über die Bereitschaft seiner Regierung, an der Seite des Volkes einen heroischen Tod zu sterben. Er meinte diese Worte ebenso ernst wie den am nächsten Tag verfassten Brief an Nikita Chruschtschow: «Nun, es sieht nach Krieg aus. Ich kann mir keine Form des Rückzugs vorstellen.»

Eine Bühne für John F. Kennedy

100 Millionen sitzen in den USA vor Fernsehgeräten und Radios, noch nie hatten so viele Menschen einer Ansprache ihres Präsidenten gelauscht. Nur 17 Minuten spricht John F. Ken-

nedy, aber seine Rede wird auf Jahre hinaus nachhallen, ein Meisterstück im Krieg der Worte, adressiert an die eigenen Landsleute und die Völker Lateinamerikas, an die Verbündeten in Europa und Asien, an die jungen Staaten Afrikas und an Nikita Chruschtschow – in dieser Reihenfolge. «Er ist ein auffallend gut aussehender Mann», schreibt ein zeitgenössischer Beobachter, «großartig in seiner kühlen Selbstsicherheit.» An diesem Abend tritt Kennedy in drei Rollen auf, als Detektiv, Kriegsherr und Befreier. Er füllt sie dermaßen überzeugend aus, dass die Kommentatoren der Morgenzeitungen das höchste Lob ihrer Zunft aussprechen und Kennedy mit dem legendären Rhetoriker Franklin D. Roosevelt auf eine Stufe stellen.

Wie ein Detektiv forstete Kennedy die sowjetischen Erklärungen der zurückliegenden Wochen und Monate durch, zitiert sie der Reihe nach und kommentiert jedes Zitat mit den Worten: «Diese Erklärung war falsch.» – «Auch diese Erklärung war falsch.» So lange und ausdauernd, so unterkühlt und schneidend, bis sich der Eindruck verfestigt hatte: Die Freie Welt wurde von lügenden, betrügenden und hinterhältigen Russen in eine Falle gelockt; wenn man den Amerikanern etwas vorzuwerfen hat, dann allenfalls ihre Gutgläubigkeit. Dass sich das militärische Kräfteverhältnis zu Lasten der Vereinigten Staaten verändert hätte, sagte Kennedy an keiner Stelle. Dennoch stand die Bedrohung der nationalen Sicherheit im Zentrum seiner Rede. Das unheimlich Neue wurde suggeriert, umschrieben, angedeutet, erschien gerade deshalb so gefährlich. Wieder einmal war Vorkriegszeit, wie in den 1930er Jahren, mit einem Unterschied indes: Man war klüger geworden. Wer Aggressionen vereiteln wollte, musste rechtzeitig handeln und die Dinge beim Namen nennen. «Ich appelliere an Ministerpräsident Chruschtschow [...] seine Politik der Weltbeherrschung aufzugeben.» Nicht auszuschließen, dass es zu einem Krieg kommen würde; dazu gezwungen, war Amerika bereit, den Preis eines gerechten Krieges zu zahlen, wie ehedem gegen Hitler. «Der Kurs, den wir jetzt gewählt haben, ist voller Risiken [...]. Der Preis der Freiheit ist stets hoch – aber wir Amerikaner haben ihn immer entrichtet. Und ein Weg, den wir niemals wählen werden, ist der Weg der Kapitulation oder der Unterwerfung.» Vor allem aber sollte Chruschtschow im Ungewissen über amerikanische Absichten und Pläne bleiben – auch diesen Part einer auf Angst gegründeten, mit Angst spielenden Abschreckungspolitik beherrschte Kennedy virtuos. «Wir werden nicht verfrüht oder unnötigerweise einen weltweiten Nuklearkrieg riskieren, [...] aber wir werden vor diesem Risiko auch nicht zurückschrecken, wenn wir ihm gegenüberstehen.» «Nicht verfrüht» und nicht «unnötigerweise». «Ich habe die Streitkräfte angewiesen, sich auf alle Möglichkeiten vorzubereiten.»

Schließlich und endlich schlüpfte John F. Kennedy in die Rolle des Befreiers. Kuba unter «Quarantäne» zu stellen, war nicht allein deshalb eine treffende Wortwahl, weil «Blockade» im internationalen Völker- und Kriegsrecht als kriegerischer Akt galt; «Quarantäne» signalisierte auch die unhintergehbare Notwendigkeit, Kuba von einer ansteckenden Krankheit zu befreien. «Das kubanische Volk hat sich in der Vergangenheit oftmals erhoben, um Tyrannen zu vertreiben, die seine Freiheit zerstörten. Und ich zweifle nicht daran, dass die meisten Kubaner heute auf die Zeit warten, dass sie wirklich frei sein werden – frei von ausländischer Herrschaft; frei, sich ihre eigenen Führer zu wählen; frei, sich ein eigenes System auszusuchen.»

Höher hätte John F. Kennedy kaum pokern können. Wie auch immer man seine Rede las, egal, welchen Nuancen man besondere Beachtung schenkte, am Ende überragte ein Eindruck: Eine Lösung würde es nur geben, wenn Nikita Chruschtschow sich unter dem Eindruck amerikanischer Übermacht beugte, ohne Wenn und Aber den Rückzug antrat. Amerikanische Gegenleistungen waren nicht vorgesehen; sie schienen noch nicht einmal vorstellbar. Im Grunde bediente sich Kennedy der Sprache eines Erpressers.

23.–26. Oktober 1962

«Wir haben Kuba gerettet.» Nikita Chruschtschow konnte sein Glück kaum fassen, dass Kennedy nur eine Blockade angekündigt hatte. Aber er wollte das Glück auch nicht herausfordern. Gegen 1 Uhr in der Nacht, gut eine Stunde vor Kennedys Rede, wich er den ersten Schritt zurück. 30 Schiffe waren zu diesem Zeitpunkt auf dem Weg nach Kuba. Alle mit Raketen oder Sprengköpfen beladenen Frachter sollten sofort umkehren, abgesehen von der «Aleksandrovsk». Mit 68 nuklearen Sprengköpfen an Bord (24 für R-14 Mittelstreckenraketen, 44 für «FKR»-Marschflugkörper) und nur eine halbe Tagesreise von Kuba entfernt, wollte man sie nicht den Amerikanern in die Hände fallen lassen; das Schiff schaffte es noch rechtzeitig in den Hafen La Isabela. Seit 6 Uhr am Morgen des 23. Oktober – 28 Stunden vor Inkrafttreten der Blockade – hielten nur noch sowjetische Tanker und Frachter mit ziviler Ladung Kurs auf Kuba.

Chruschtschow lenkt ein

Vier U-Boote, zwischen 300 und 800 Meilen von Kuba entfernt, sollten ihre Fahrt ebenfalls wie geplant fortsetzen, entschied das Politbüro in seiner morgendlichen Krisensitzung am 23. Oktober. Obwohl keine Verlaufsprotokolle vorliegen, deutet vieles auf eine ungewöhnlich lange und bemerkenswert kontroverse Diskussion hin. Seit Ende Mai hatte es immer wieder Unstimmigkeiten über Art und Umfang des im Hafen von Mariel geplanten Marinestützpunktes gegeben. Um bei den Amerikanern keinen vorzeitigen Verdacht zu erregen, aber auch infolge von Produktionsengpässen beim U-Boot-Bau strich Nikita Chruschtschow die Wunschliste der Marine im September erheblich zusammen; fürs Erste waren nur vier Boote der «Foxtrot»-Klasse vorgesehen, dieselgetriebene U-Boote, jedes beladen mit 21 konventionellen Torpedos und einem Atomtorpedo von 19 km Reichweite. Ausgelegt für das Versenken von Schiffsverbänden, vornehmlich von Flugzeugträgern, waren sie das maritime Gegenstück zu den nuklearen Gefechtsfeldwaffen auf Kuba. Anastas Mikojan und der Chef der sowjetischen Marine, Admiral Sergej Gorschkow, wollten die lauten, folglich leicht zu ortenden Boote umgehend zurückrufen, Verteidigungsminister Rodion Malinowski hielt trotz erkennbarer Unkenntnis dagegen und zog Chruschtschow auf seine Seite. Die Kapitäne wurden angewiesen, Kuba auf einem vermeintlich vor Entdeckung geschützten Umweg anzusteuern – eine gefährliche Fehlentscheidung, wie sich in den nächsten Tagen zeigen sollte.

Ansonsten erlegte der Kreml sich und seinen Verbündeten militärische Zurückhaltung auf: keine Mobilisierung, keine Einberufung von Reservisten, keine Truppenverlegungen innerhalb der UdSSR oder den Staaten des Warschauer Paktes. Der von Malinowski am 23. Oktober erklärte «höchste Alarmzustand» bedeutete nichts weiter als Urlaubs- und Ausgangssperren und eine Stornierung anstehender Entlassungen. Ob und wie die 36 verfügbaren Interkontinentalraketen für einen Einsatz vorbereitet wurden, ist umstritten; wahrscheinlich leitete man das zeitaufwändige Betanken mit dem Ziel ein, im Notfall innerhalb von 15 Minuten startklar zu sein. Dass am 28. Oktober, als die Krise ihren Höhepunkt überschritten hatte, ein U-Boot der «Zulu»-Klasse mit zwei Atomtorpedos an Bord Richtung Pearl Harbor aufbrach, passt ebenfalls ins Bild: Im Vergleich zu den USA waren und blieben die sowjetischen Maßnahmen symbolischer Natur. Man war auf keinen Fall bereit, wegen Kuba einen Atomkrieg zu riskieren und unterließ alle Signale, die eine Kriegsbereitschaft hätten signalisieren können.

Auch politische Provokationen in amerikanischen Interessenssphären wollte Chruschtschow vermeiden. Offensichtlich spielte man in seinem Umfeld anfänglich mit dem Gedanken an Berlin-Repressalien. Botschafter Anatoli Dobrynin regte in einem Telegramm vom 23. Oktober an, eine Blockade West-Berlins in Erwägung zu ziehen – und sei es auch nur zum Test des amerikanischen Widerstandswillens. Der stellvertretende Außenminister Wassilij Kusnezow hatte ebenfalls Berlin im Visier, forderte im Unterschied zu Dobrynin jedoch zu sofortigem Handeln auf. «Behalten Sie diesen Rat für sich», kanzelte ihn Chruschtschow in Anwesenheit des Politbüros ab. «Wir sind gerade dabei, uns aus einem Abenteuer herauszufinden und schon schlagen Sie vor, dass wir uns in ein neues stürzen.» Wie es scheint, wurde Berlin im weiteren Verlauf der Krise nie wieder zur Sprache gebracht; gleichermaßen tabu waren andere Schwachstellen des Westens wie die Raketenbasen in der Türkei oder Italien. Zur Beruhigung insbesondere ausländischer Pressekorrespondenten besuchte Chruschtschow in Begleitung mehrerer Politbüromitglieder am Abend des 23. Oktober demonstrativ das Bolschoj-Theater.

Andererseits fiel Chruschtschow, kaum dass sich der erste Schock gelegt hatte, wieder in seine eingefahrenen Denkmuster zurück. Wie in den Monaten zuvor, wollte und konnte er sich nicht vorstellen, dass John F. Kennedy eine harte Gangart durchhalten würde: «Macht Euch keine Gedanken», hatte er einem verblüfften «Che» Guevara Anfang August gepredigt. «Es wird keine große Reaktion seitens der USA geben. Und sollten wir Probleme bekommen, dann schicken wir eben die Ostseeflotte.» Die Ostseeflotte zur Abschreckung amerikanischer Flugzeugträger – zu derartigen Scherzen war Chruschtschow auch in der Folge aufgelegt, weil er sich beharrlich einredete, Kennedy würde am Ende die Kuba-Raketen ebenso hinnehmen wie er seinerseits amerikanische Raketen rings um die Sowjetunion akzeptiert hatte. Folglich deutete Chruschtschow die Ankündigung der Blockade auch als Zeichen der Unentschiedenheit und Schwäche; er sprach sogar von einem ersten Nachgeben Kennedys. Mit Sturheit und starken Worten, so das Kalkül, würde er die Amerikaner endgültig zum Einlenken bringen.

In diesem Sinne waren die Briefe gehalten, die Chruschtschow zwischen dem 23. und 25. Oktober nach Washington und Havanna schickte. Den Amerikanern gab er zu verstehen, dass die Kapitäne sowjetischer Schiffe jegliche Anweisungen der US-Marine ignorieren würden, handelte es sich bei der Blockade doch um «ausgesprochenes Banditentum oder [...] eine Verrücktheit des degenerierten Imperialismus. [...] Ich hoffe, dass die Regierung der Vereinigten Staaten Vernunft zeigen wird und von Handlungen Abstand nimmt, die zu katastrophalen Folgen für den Frieden in der ganzen Welt führen können.» Auch Fidel Castro gegenüber zelebrierte er Kompromisslosigkeit als Gipfel politischer Weitsicht. Mit dem Ergebnis, dass Castro mehr denn je der Illusion unverbrüchlicher Waffenbrüderschaft und einer zum Kampf um Kuba bereiten UdSSR nachhing. «Wir senden Ihnen, Genosse Castro, und allen ihren Waffenbrüdern unsere wärmsten Grüße und geben unsere allumfassende Zusicherung, dass die aggressiven Pläne der U. S.-Imperialisten zum Scheitern verurteilt sind.» Castros Hoffnung wandelte sich in diesen Stunden zur Gewissheit, dokumentiert in einer 90-minütigen Fernsehrede, die im Grunde aus einer Variation zweier Sätze bestand: Die Sowjetunion stünde Kuba im Zweifel auch mit Atomwaffen bei, die gerechte Sache aller Revolutionäre und Patrioten auf dieser Welt würde auf beispiellose Weise triumphieren. «Patria o muerte.» Chruschtschows verbales Gerangel mit Kennedy war alsbald vergessen; die Briefe an Castro indes bereute er binnen weniger Tage zutiefst.

Die Blockade, ein Kommunikationsdesaster

In Washington ging derweil eine Illusion ganz anderer Art um: Risikomanagement, Feinsteuerung der Blockade, Krisenkontrolle. Robert McNamara ließ sich seine Vorstellungen vom «ExComm» absegnen: Kam ein sowjetischer Frachter dem Haltbefehl nicht nach, so sollte auf Ruder und Schrauben gefeuert, das Schiff in Schlepp genommen und in den nächstgelegenen amerikanischen Hafen gebracht werden; im Übrigen durfte kein Schuss ohne ausdrückliche Genehmigung des Verteidigungsministers abgegeben werden. Eigentlich ging es nicht um eine Blockade, sondern um den Austausch politischer Signale zwischen Kennedy und Chruschtschow, teilte McNamara einem um Fassung ringenden Stabschef der Marine mit. Eine Blockade ohne Gewaltanwendung? Und falls doch, dann nur dosiert und punktgenau? Schiffe auf den Haken nehmen, ohne das Gegenüber zu provozieren? Der heftige Streit mit Admiral Anderson am Abend des 23. Oktober sagt viel über das gespannte Verhältnis zwischen politischer und militärischer Führung; noch mehr illustriert er die Selbstgewissheit und Selbstgerechtigkeit McNamaras. Auch wenn Anderson nicht mit der Attitüde des durch Erfahrung Klügeren aufgetreten wäre, hätte McNamara sich über seine Bedenken und Einwände hinweggesetzt. Die Plätze der «Besten und Klügsten» waren seiner Meinung nach längst besetzt, mit ihm in der ersten Reihe.

Zweifellos konnte Kennedy ein um das andere Mal durch geschicktes Taktieren eine Eskalation auf hoher See verhindern. Indem er den Blockadering von 800 Meilen auf 500 Meilen vor Kuba zurückverlegte, gewann er wertvolle Zeit. «Wir müssen ihm [Chruschtschow] Bedenkzeit lassen. Ich möchte ihn nicht in eine Ecke drängen, aus der er keinen Ausweg mehr hat.» Die Entscheidung, Öl, Benzin und Schmiermittel noch nicht auf die Liste der «verbotenen Güter» zu setzen, ermöglichte mehreren Schiffen eine unbehelligte Passage, darunter der Tanker «Bukarest» und die ostdeutsche «Völkerfreundschaft». Bis zum frühen Morgen des 26. Oktober hatte man kein einziges Schiff inspiziert. Dass an diesem Tag die «Marucla» durchsucht wurde, galt nicht den Sowjets, sondern der amerikanischen Öffentlichkeit. Hollywood in der Karibik: «Früher oder später», meinte Kennedy, «müssen wir beweisen, dass die Blockade funktioniert.» Alle vorliegenden Informationen wiesen die «Marucla» – ein in den USA gebautes, einer panamesischen Reederei gehörendes, unter libanesischer Flagge fahrendes und von der UdSSR gechartertes Schiff – als unverdächtig aus; und zu ihrer Inspektion wurde ein besonderer Zerstörer abgestellt, die nach dem Bruder des Präsidenten benannte «Joseph P. Kennedy». Nach einer zweieinhalbstündigen Durchsuchung, de facto einem ausgedehnten Fototermin, setzte die «Marucla» ihre Fahrt nach Havanna fort.

Über weite Strecken war die Blockade freilich ein Kommunikationsdesaster. Erst am 27. Oktober erfuhr Moskau die genauen Koordinaten des Sperrriegels; amerikanische Stellen hatten die Weiterleitung dieser Nachricht schlicht vergessen. Davon überzeugt, das Geschehen unter Wasser ebenso punktgenau dirigieren zu können wie an der Wasseroberfläche, hatte Robert McNamara am Abend des 23. Oktober die traditionellen Einsatzrichtlinien für die U-Boot-Jagd aufgehoben. Entgegen den international geltenden Vorschriften, wonach die Forderung zum Auftauchen nur mit Sonarsignalen gegeben werden darf, ordnete McNamara den Einsatz kleinkalibriger Unterwasserbomben an, so genannter «practice depth charges» mit der Sprengkraft einer Handgranate – sie sollten ihr Ziel treffen, aber nicht beschädigen oder gar zerstören. Das Pentagon setzte das sowjetische Marineministerium von dieser gravierenden Änderung sofort in Kenntnis, ging wie selbstverständlich von einer Weitergabe der Information und einer entsprechenden Kooperationsbereitschaft der U-Boot-Kommandeure aus. Weit gefehlt. Weder wusste McNamara, dass er die Marine auf U-Boote ansetzte, die je einen Atomtorpedo an Bord hatten. Noch rechnete er mit dem Desinteresse oder der Schludrigkeit der sowjetischen Bürokratie. Was immer den Ausschlag gegeben haben mag, die Kapitäne der «Foxtrots» waren nicht im Bilde. Niemand hatte sie über die Blockade unterrichtet, erst Recht nicht über die Wahrscheinlichkeit, von US-Zerstörern gejagt und obendrein mit «depth charges» beworfen zu werden. Über alles im Unklaren, mussten die sowjetischen Skipper im Zweifel allein entscheiden, ob Unterwasserbomben als Rüpelei oder kriegerischer Akt zu bewerten waren, ob sie ihren Verfolgern ausweichen oder sich dem Kampf stellen wollten. Nur eines war in ihren Dienstvorschriften nicht vorgesehen: fremden Befehlen zum Auftauchen Folge zu leisten.

Entgegen dem Rat des Präsidenten, der U-Boote zunächst verschonen und stattdessen Frachter aufbringen wollte, setzte sich McNamara mit der Forderung nach einer unverzüglichen

U-Boot-Jagd durch. Am Morgen des 24. Oktober schien die Es-
kalation unausweichlich zu sein, deutete doch alles darauf hin,
dass wenige Meilen vom Sperrgürtel entfernt ein sowjetisches
U-Boot zwischen zwei Frachtern in Stellung gegangen war, zum
Feuergefecht mit amerikanischen Verbänden bereit. Kein Ge-
schichtsbuch, keine Fernsehdokumentation, kein Spielfilm ohne
Robert Kennedys szenische Schilderung: «Es war jetzt ein paar
Minuten nach zehn Uhr. [...] Ich glaube, der Präsident wurde in
diesen Minuten von tiefsten Zweifeln beunruhigt. Stand die
Welt am Rande der Vernichtung? [...] Er hob die Hand und
legte sie über seinen Mund. Er ballte sie zur Faust und öffnete
sie wieder. Sein Gesicht wirkte durchfurcht, seine Augen fast
grau, mit gequältem Ausdruck, und wir starrten uns über den
Tisch hinweg nur noch an. [...] Präsident Kennedy hatte die
Richtung bestimmt, aber er konnte die Ereignisse nicht mehr
lenken. Er musste warten – wir mussten warten.» Ähnlich be-
rühmt sind die Worte von Außenminister Dean Rusk: «We were
eyeball to eyeball, and the other fellow just blinked» – «Wir
standen uns Auge in Auge gegenüber, und der Andere hat als
Erster geblinzelt.» Noch heute hat diese Lesart ihren festen Platz
in der Folklore über die Kuba-Krise – das Bild vom «High
Noon» auf hoher See, von den sowjetischen Schiffen, die erst in
letzter Minute abdrehen, von Nikita Chruschtschow, der hoch
pokert, aber in einem harten, standfesten und entschlossenen
John F. Kennedy seinen Meister findet.

Man mag diese Erzählung nach Belieben drehen und wenden,
zur Illustration eines souveränen Krisenmanagements taugt sie
auf keinen Fall. Kennedy und seine Berater waren bei ihren Entscheidungen nur in Ausnahmefällen auf der Höhe des Geschehens. In der Regel tappte man in Washington stundenlang, oft
tagelang im Dunkeln, ohne die leiseste Ahnung vom Stand der
Dinge auf dem Atlantik – so war es an diesem 24. Oktober, so
war es an allen folgenden Tagen. 45 Jahre hat es gedauert, ehe
ein Historiker sich die Mühe machte, den Verlauf der Blockade
anhand von Seekarten und Logbüchern zu rekonstruieren. Wie
Michael Dobbs 2008 darlegte, befand sich am Morgen des
24. Oktober kein einziges sowjetisches Schiff, auch kein U-Boot,

in der Nähe des Blockaderings. Im Gegenteil. Sie waren hunderte von Seemeilen entfernt, die Frachter, weil sie bereits tags zuvor zurückbeordert worden waren, die U-Boote, weil sie auf Weisung des Kreml ihren Kurs geändert hatten. Die CIA benötigte fast 24 Stunden, um Informationen über eine Kursänderung von Schiffen mit verdächtiger Ladung zu prüfen und als verlässlich weiterzuleiten. Derweil konnte sich die politische Führung auf der Grundlage fehlerhafter Daten alles Mögliche ausmalen – beispielsweise eine Konfrontation Auge in Auge. Dass Nachrichten in Echtzeit nicht zu bekommen waren, lag teilweise an einem heillos überlasteten Funk- und Telegraphennetz. Normale Mitteilungen zwischen dem Pentagon und den Blockadeschiffen waren sechs bis acht Stunden unterwegs, selbst in Notfällen dauerte es manchmal bis zu vier Stunden. Überdies standen die Geheimdienste bei der Ortung des Schiffsverkehrs vor schier unlösbaren Problemen; 90 Meilen voneinander abweichende Positionsschätzungen waren keine Seltenheit. Auf das «ExComm» machte dergleichen aber keinen Eindruck.

Konfrontation auf hoher See

Es kam, wie es kommen musste. Niemand im «ExComm» konnte sich vorstellen, mit welcher Wucht und Aggressivität die Marine auf U-Boot-Jagd ging, niemand wusste, dass McNamaras «Kommandostand» bestenfalls rudimentär informiert wurde. Am 26. Oktober hatten zwei «Foxtrots» die Blockadelinie überfahren, die «B-4» unter Kapitän Ryurik Ketov und die «B-36» unter Kapitän Alexsej Dubikov; wenige Seemeilen hinter ihnen lagen die «B-59», kommandiert von Valentin Savitsky, und die «B-130» unter dem Kommando von Nikolaj Schumkov. Vier amerikanische Verbände waren hinter diesen Booten her, insgesamt vier Flugzeugträger, 32 Zerstörer sowie Dutzende von Kampfflugzeugen und Hubschraubern. Einzig die «B-4» blieb unentdeckt; alle anderen U-Boote wurden am 26. und 27. Oktober auf eine Weise gestellt, die nach Aussage vieler Beteiligter das Risiko einer Eskalation dramatisch erhöhte. Dass die Konfrontation glimpflich abging, war nicht das Verdienst der US-Navy, sondern der sowjetischen Kapitäne; in kaum einer Darstellung zur Kuba-Krise auch nur namentlich erwähnt, kann ihre Leistung nicht hoch genug geschätzt werden.

Die «B-36» trifft es als Erste. Das Boot wird, so behauptet sein Kapitän, von der USS «Charles Cecil» am Abend des 26. Oktober mit einem Torpedo angegriffen, der die Hauptantenne wegreißt; vier Tage dauert das Katz-und-Maus-Spiel, ehe die «B-36» endgültig entkommt. Besser dokumentiert ist der Zwischenfall mit der «B-130», die in den späten Abendstunden des 26. Oktober von einem Verband um den Flugzeugträger «Essex» gestellt wird. Wie die anderen «Foxtrots» auch, hat die «B-130» zu diesem Zeitpunkt mit massiven technischen Problemen zu kämpfen. Meersalz hatte während der vierwöchigen Überfahrt die Kühlaggregate der Dieselmotoren verstopft und Gummidichtungen angefressen, mehrere elektrische Kompressoren funktionieren nicht mehr, die Temperaturen im Inneren des Schiffes liegen zwischen 40 und 60 Grad, der CO_2-Gehalt der Atemluft steigt stündlich, Besatzungsmitglieder brechen erschöpft zusammen. Am Abend des 26. Oktober fallen drei von vier Dieselmotoren aus, überdies bricht Wasser in das Schiff ein. Ob er will oder nicht, Nikolaj Schumkov muss zum Aufladen der Batterien auftauchen. Drei Stunden bleibt das Schiff unentdeckt an der Oberfläche, als sich amerikanische Zerstörer aus allen vier Richtungen nähern, offensichtlich in der Absicht, die «B-130» zu rammen. Durch einen schnellen Tauchgang entgeht Schumkov einem Verfolger, der nur wenige Meter über dem Turm der «B-130» das Wasser durchpflügt. Von den Unterwasserbomben unbeeindruckt, setzt Schumkov den Tauchgang fort und entkommt mit einem Täuschungsmanöver – vier Tage lang, bis die letzten Energiereserven verbraucht sind und ein sowjetisches Rettungsschiff vor den Augen der US-Navy die «B-130» auf den Haken nimmt und ins heimatliche Murmansk zurückschleppt. Ähnlich ergeht es der «B-59» am 27. Oktober: Mit Unterwasserbomben verfolgt und von technischen Problemen geplagt, taucht das Boot auf; drei Zerstörer und der Flugzeugträger «Randolph» bereiten den Empfang mit gleißendem Licht ihrer Scheinwerfer, mit Leuchtraketen und Leuchtspurmunition, später mit Zigarettenschachteln und Cola-Dosen, von Matrosen in Richtung der Brücke geworfen, am Ende mit einer Jazz-Band, die zur Belustigung der einen und zur Erniedrigung der anderen an Deck eines Zerstörers aufspielt. Zwei Tage später, die Batterien sind wieder aufgeladen, entkommt die «B-59»; wahrscheinlich lässt man sie absichtlich entkommen, denn zu diesem Zeitpunkt ist das Schlimmste der Krise bereits überstanden.

Die Kapitäne der «Foxtrots» wussten zu keinem Zeitpunkt, woran sie waren. Von Moskau allenfalls mit Floskeln über eine «internationale Krisensituation» abgespeist, hörte man amerikanische Rundfunkstationen ab – und erhielt auf diesem Weg Nachrichten, deren Wahrheitsgehalt schwer einzuordnen war. Nicht minder verwirrend waren die «depth charges» ihrer Verfolger. Was bezweckte die US-Marine mit diesen Unterwasserbomben? Waren es Warnzeichen? Oder handelte es sich um Angriffe in kriegerischer Absicht? Ein Offizier der «B-59»: «Die [depth charges] explodierten unmittelbar neben dem Boot. Es fühlte sich an, als säßen wir in einem Fass aus Metall, auf das ständig jemand mit einem Vorschlaghammer eindrischt. [...] Wir dachten: Das war's. Das ist das Ende.» Der Kapitän der «B-130»: «Diese Nacht hätte leicht zu einer Katastrophe für uns werden können. Als sie diese Granaten zündeten, dachte ich, sie würden uns bombardieren.»

Welche Richtlinien für den Einsatz der Torpedos ausgegeben worden waren, ist nach wie vor umstritten. Jeder U-Boot-Kapitän verfügte über 22 Torpedos, darunter ein Nukleartorpedo mit der Zerstörungskraft einer halben Hiroshimabombe. Es spricht einiges dafür, dass die konventionelle Bauart nur mit Genehmigung des Oberkommandierenden der Marine eingesetzt werden durfte und dass für den Einsatz eines Atomtorpedos die ausdrückliche Erlaubnis des Verteidigungsministers vorliegen musste. Was aber waren diese schriftlichen Vorgaben in der Praxis wert? Einerseits fielen viele unkalkulierbare Faktoren ins Gewicht: Schieres Glück entschied darüber, ob Funkverbindungen nach Moskau zustande kamen oder nicht; wie der Stress an Bord und der unerklärliche Beschuss durch amerikanische

Zerstörer sich auf die Besatzung auswirkten, war gleichermaßen unabsehbar. Andererseits hatte man für die Bewachung
eines Atomtorpedos rund um die Uhr einen Sicherheitsoffizier
abgestellt; um einen eigenmächtigen Einsatz zusätzlich zu er-
schweren, mussten drei Personen gleichzeitig ihre Codeschlüssel
freigeben; nicht zuletzt waren sowjetische U-Boot-Kapitäne für
ihre rigide Selbstdisziplin bekannt. Bis dato vorliegenden Quellen zufolge wurde kein einziger Torpedo an Bord der «Foxtrots»
gefechtsbereit gemacht; wie es scheint, legte es auch kein Kapitän ernsthaft darauf an. Trotzdem bleibt zu bedenken: Dieser
Teil der Geschichte spielte in einer Grauzone; alles hing davon
ab, wie auf sich gestellte Akteure unter extremen Bedingungen
ihre Ermessensspielräume nutzten. Kleinigkeiten können, das
lehrt die Erfahrung, in solchen Situationen alles aus dem Lot
bringen.

Ein Angebot aus Moskau

Die U-Boot-Jagd hatte noch nicht begonnen, die Blockade war
erst wenige Stunden in Kraft, als Nikita Chruschtschow im
Laufe des 24. Oktober erste versöhnliche Signale nach Washington sandte. Als Mittelsmann diente der Präsident von «Westing-
house Electric International», William Knox, der in Moskau
Wirtschaftsverhandlungen führte und kurz vor der Rückkehr in
die USA stand. Kennedy sollte wissen, dass alle nach Kuba gelieferten Waffen unter sowjetischer Kontrolle standen, dass die
Raketen nur auf ausdrücklichen Befehl von Chruschtschow abgefeuert werden konnten und dass die Sowjetunion auf keinen
Fall als Erste Atomwaffen einsetzen würde. Im Übrigen bot
Chruschtschow ein Gipfeltreffen an, egal an welchem Ort, aber
so schnell wie möglich; das Angebot klang bei Lichte besehen
wie eine flehentliche Bitte. Ungeachtet kurzfristig immer wieder
aufflackernder Stimmungsschwankungen hatte der Kreml-Chef
offenbar zu seiner Linie gefunden. Das machte er auch am Morgen des 25. Oktober vor dem Politbüro deutlich: Am Abbau der
Raketen, legte Chruschtschow in einer wortreichen Begründung
dar, führte kein Weg vorbei, man durfte die Konfrontation nicht
«zum Überkochen bringen», folglich wollte er Kennedy ein An-

gebot zur Güte machen: «Sichert uns zu, auf eine Invasion Kubas zu verzichten, und wir werden die Raketen zurückziehen.» Der Rest klang wie eine Predigt, mit der er nicht nur die anderen, sondern in erster Linie sich selbst von dieser Entscheidung überzeugen wollte. «Wir werden Kuba auf diese Weise stärken und ihm für zwei, drei Jahre Sicherheit verschaffen. Wenn die Jahre ins Land gehen, wird es [für die USA] immer schwieriger, mit dem Problem umzugehen. [...] Wir haben damit angefangen, und dann fuhr uns der Schreck in die Glieder. Aber Feigheit ist das nicht. Es ist ein kluger Schachzug.» Wie üblich, stimmte das Politbüro zu.

Nikita Chruschtschow fürchtete bereits in diesem frühen Stadium die Eigendynamik des Geschehens, den Irrationalismus der Akteure und einen am Ende unvermeidlichen Kontrollverlust. Ob er von zeitgleichen Telegrammen des sowjetischen Botschafters in Washington bestärkt wurde, ist nicht bekannt; an Eindeutigkeit ließen diese Texte jedenfalls nicht zu wünschen übrig. Am Abend des 23. Oktober von Robert Kennedy zu einem Gespräch gebeten, hatte Dobrynin den Eindruck ungezügelter Emotionalität und «hitzköpfiger Zocker» im Weißen Haus mitgenommen; dem Präsidenten traute er wegen der 1964 anstehenden Wiederwahl gar jede verantwortungslose und abenteuerliche Aktion zu. Fazit Dobrynin: «Die Mehrheit der Quellen stimmt darin überein, dass die nächsten Stunden und Tage die gefährlichsten sein werden.» Im Grunde war Chruschtschow auf dergleichen Milieuschilderungen aber nicht angewiesen. Wenn jemand in seinem Denken und Fühlen von den Erfahrungen des Zweiten Weltkrieges geprägt, auf Schritt und Tritt begleitet und mitunter geradezu verfolgt wurde, dann er. Eine oft ausladende Drohrhetorik verstellt den Blick auf diese Seite Chruschtschows; tatsächlich verabscheute er im Grunde seines Herzens nichts mehr als Krieg. Deshalb wussten die Genossen im Politbüro auch um die Bedeutung seiner Schlussbemerkung am Morgen des 25. Oktober: «Wenn man erst einmal angefangen hat zu schießen, kann man nicht mehr aufhören.»

Zu allem Überfluss blamierten sich die Sowjets an diesem Tag vor den Augen der Weltöffentlichkeit bis auf die Knochen. Moskaus UNO-Botschafter, Valerian Zorin, bestritt vor dem Sicherheitsrat der Vereinten Nationen die Existenz von Atomraketen auf Kuba und bezichtigte die USA der Propagandalüge. «Es gibt keine Beweise.» Einen größeren Gefallen hätte er seinem Gegenüber Adlai Stevenson nicht tun können. «Sie behaupten, dass es sie [die Raketen] nicht gibt – und ich möchte wissen, ob ich Sie richtig verstanden habe.» – «Sie werden meine Antwort zu gegebener Zeit erhalten.» – «Wenn Sie wollen, warte ich auf die Antwort bis die Hölle gefriert. Aber ich bin auch bereit, die Beweise in diesem Raum vorzulegen.» Und schon postierten Mitarbeiter Stevensons die auf Großformat gezogenen Luftaufnahmen, maßgeschneidert für die Kameras der Fernsehanstalten. Es war und ist eine in den Annalen der internationalen Diplomatie einmalige Demütigung.

Tags darauf, um die Mittagszeit des 26. Oktober, diktierte Chruschtschow sein Angebot. Es war einer jener Briefe, wie nur er sie schrieb, sehr emotional, zuweilen verkitscht, aufbrausend und anrührend zugleich, voller persönlicher Noten, ausschweifend und doch immer wieder auf das Wesentliche zurückkommend – den Horror des Krieges, die von allen Staatsführern geteilte Verantwortung, es nie wieder so weit kommen zu lassen. Über 12 Seiten breitete Chruschtschow seine Stimmung aus, um dann in gedrechselten Formulierungen einen Ausweg anzubieten. Sobald die USA erklärten, dass sie weder mit eigenen Streitkräften Kuba angriffen noch eine Invasion Dritter unterstützten, «dann wäre die Notwendigkeit für die Anwesenheit unserer Militärspezialisten auf Kuba hinfällig.» Das Wort «Raketen» fällt an keiner Stelle, aber Ton und Kontext der Ausführungen lassen keinen Zweifel, dass Chruschtschow tatsächlich von einem Abzug derselben spricht. Kurz vor 17 Uhr Ortszeit, in Washington war es zehn Uhr morgens, wurde der Brief in der amerikanischen Botschaft in Moskau hinterlegt.

Sage und schreibe elf Stunden dauerte es, bis die Nachricht aus Moskau vollständig in Washington vorlag. Dass die diplomatische Kommunikation in dieser Zeit vorsintflutlich war, weiß man. Telefone wurden wegen der Abhörgefahr in der Regel nicht benutzt; das Übersetzen, Verschlüsseln und Decodieren eines Textes nahm Stunden in Anspruch; die Vertretungen in Washington und Moskau hatten keine eigenen Telegraphen, sondern waren auf die Dienstleistung staatlicher oder privater Anbieter angewiesen; statt Botschaftsfahrer zu schicken, forderte Dobrynin bei «Western Union» stets Fahrradkuriere an – und vertraute auf dem Höhepunkt einer internationalen Krise darauf, dass die jungen Männer auf ihrem Rückweg keine Zeit mit einem Plausch bei Freunden oder in Straßencafés verplemperten. Ausgerechnet am 26. Oktober ging alles schief, was schief laufen konnte. Um die Übermittlung zu beschleunigen, hatte man in der US-Botschaft in Moskau den Brief Chruschtschows in vier Teile getrennt und separiert verschicken lassen. Das Zentrale Telegrafenamt in der Gorkystraße war der Aufgabe an diesem Tag aber nicht gewachsen, angeblich wegen einer Häufung technischer Probleme. Gegen 18 Uhr Ortszeit ging der erste Teil des Briefes in Washington ein, erst gegen 21 Uhr lag dem «ExComm» die letzte und entscheidende Tranche vor.

Gereizte Stimmung in Washington

Im «ExComm» war die Stimmung den ganzen Tag über gereizt gewesen. Man musste sich mit einer Initiative des UNO-Generalsekretärs U Thant beschäftigen, der tags zuvor zu «Sondierungsgesprächen» über eine diplomatische Lösung der Krise aufgefordert und ein dreiwöchiges Moratorium der Blockade angeregt hatte – vorausgesetzt, die Sowjets stellten während dieser Zeit die Stationierungsarbeiten ein. Den Moratoriumsvorschlag wies Kennedy umgehend zurück, aber mit Blick auf die Verbündeten und die Weltöffentlichkeit erklärte man sich zu Gesprächen bei der UNO einverstanden. Aus taktischen Gründen, als symbolische Geste und für die Dauer von zwei, maximal drei Tagen, wie Robert McNamara und der Präsident ein um das andere Mal betonten. Für Adlai Stevenson, der aus New York angereist war, wurde der 26. Oktober zu einem Déjà-vu. Man kanzelte ihn mit den gleichen Argumenten wie zu Beginn der Krise ab: Entweder rechtzeitig «handeln» und «siegen» oder «zaudern», «Schwäche zeigen» und «verlieren». Auf keinen Fall durfte die Diplomatie eine zeitraubende Eigendynamik entfalten; das «ExComm» hatte die «Sondierungsgespräche» bereits vor ihrem Beginn abgeschrieben. Je länger die Diskussion dauerte, desto aggressiver traten die «Hardliner» auf. McNamara, immer noch von der Idee eines «feingesteuerten» Militäreinsatzes besessen, riet zu einem Angriff mit 50 Flugzeugen; Maxwell Taylor, Wortführer im Streit um die «große Lösung», forderte 300 Bomber; und John McCone insistierte wie gehabt auf einen Sturz Fidel Castros – in der Tat lief in der Bundesdruckerei unter dem Codewort «Operation Bugle Call» der Druck von fünf Millionen Flugblättern an, die zu einem «Regimewechsel» aufforderten und kurz vor einer Invasion abgeworfen werden sollten. «Der augenblickliche Plan des Weißen Hauses sieht einen begrenzten Angriff vor», teilte Taylor den anderen Stabschefs mit, «und zwar gegen sechs Raketenstellungen und gegen die IL-28-Bomber. Es geht darum, möglichst wenig Gewalt zu einem möglichst geringen Preis einzusetzen.»

«Das sind zwölf Seiten heiße Luft.» Robert McNamara und Dean Rusk waren von Chruschtschows Brief ebenso wenig überzeugt wie die Mehrheit im «ExComm». Man stellte Fragen, deren Antworten bereits feststanden. Wäre ein «Gewaltverzicht» innenpolitisch überhaupt durchsetzbar? Wieso sollte man ausgerechnet jetzt, da der Kreml Nerven zeigte, Kompromisse eingehen? Wer wollte einen Vertrauensvorschuss an Chruschtschow verantworten? Handelte es sich nicht wieder um einen geschickt drapierten Bluff? Allein John F. Kennedy würdigte die positiven Seiten der Botschaft. Von einem Invasionsverzicht abgesehen, forderte Chruschtschow keine weiteren Gegenleistungen; statt auf seinem Recht zur Stationierung auf Kuba zu beharren, erläuterte er die Hintergründe seiner Politik; und obendrein erklärte er sich zu unkonventionellen Lösungen bereit. Allein der Präsident sprach laut über die Notwendigkeit eines politischen Zugeständnisses an Moskau; außer ihm sympathisierte im «ExComm» niemand mit dieser Lesart. In anderen Worten: Als «Entgegenkommen» für einen Abzug der Raketen kam nur eine Aufhebung der Blockade in Betracht. Robert McNamara setzte das Ausrufezeichen hinter diese Haltung. «Es gibt kein einziges Wort [in diesem Brief], das einen Rückzug der Raketen vorschlägt. [...] Das ist kein Vertrag. Man kann das nicht unterschreiben und behaupten, dass wir wissen, was wir da unterschrieben haben.»

Für eine vorübergehende Entspannung sorgte ein kurioses Missverständnis. John Scali, Journalist beim Fernsehsender *ABC*, informierte das Außenministerium am Nachmittag des 26. Oktober über ein Treffen mit Aleksander Feklisow alias Aleksander Fomin, offiziell Diplomat, inoffiziell Büroleiter des militärischen Geheimdienstes der UdSSR in Washington. Bis in jüngste Zeit vermutete man, dass Feklisow im offiziellen Auftrag handelte und Chruschtschows Angebot bekräftigen sollte. Weit gefehlt. Feklisow war weder von der Botschaft noch vom Kreml autorisiert, er suchte das Gespräch auf eigene Initiative. Dass er mit Scali just über die Krisenlösung diskutierte, die auch Chruschtschow vorgeschlagen hatte, war rein zufällig, aber ein Zufall mit Folgen. Von Scali in Kenntnis gesetzt, wertete Dean Rusk und mit ihm das «ExComm» das Gespräch als wichtiges Signal aus Moskau, als «back channel»-Diplomatie, die auch bei anderer Gelegenheit bereits zum Zuge gekommen war. Weder das Außenministerium in Moskau noch das Politbüro waren im Bilde; Nikita Chruschtschow bekam noch nicht einmal die Berichte zu Gesicht, die Feklisow über seine Unterredung mit Scali verfasst und nach Moskau weitergeleitet hatte. Aber zumindest im «ExComm» machte sich am späten Abend, wie Robert Kennedy anmerkte, ein «leises Gefühl von Optimismus» bemerkbar.

Kuba vor der Invasion?

Auf Kuba war man alles andere als optimistisch. Seit dem 25. Oktober – John F. Kennedy hatte diese Maßnahme ausdrücklich gebilligt – donnerten US-Kampfjets ununterbrochen über die Insel. Um geheimdienstlich relevante Daten ging es dabei nur noch am Rande. In erster Linie simulierten die Piloten Bombenangriffe auf die Raketenstellungen; sie näherten sich im Sturzflug, fingen ihre Maschinen in knapp 200 Metern Höhe ab und steuerten anschließend knapp über den Baumkronen ihre prospektiven Ziele an. Man praktizierte den Psychokrieg, eine Vorform der Jahrzehnte später als «shock and awe» berüchtigten Kriegstaktik. In den Worten von Robert McNamara: «[Wir] bauen ein Operationsmuster auf, [...] das von einem tatsächlichen Angriff nicht unterschieden werden kann.» Auch auf den sowjetischen Oberkommandierenden, Issa Plijew, verfehlte der angekündigte Krieg seine Wirkung nicht. Gegen 22 Uhr am 26. Oktober schickte er eine dringende Nachricht nach Moskau und teilte die bis dato getroffenen Vorbereitungen für den Notfall mit. Alle für die Luftabwehr verfügbaren Mittel waren einsatzbereit; die Atomsprengköpfe für die R-12 Mittelstreckenraketen hatte man aus Sicherheitsgründen auf mehrere Bunker und behelfsmäßig errichtete Verstecke verteilt. Plijew war überzeugt, dass die Raketenbasen binnen 24 Stunden attackiert würden.

Hätte Issa Plijew im Fall eines Luftangriffs oder einer Invasion zum Zwecke der Selbstverteidigung auch auf die wirkungsvollsten Mittel in seinen Depots zurückgegriffen? Wie wahrscheinlich war ein Einsatz atomarer Gefechtsfeldwaffen, d. h. der 12 Kurzstreckenraketen vom Typ «Luna», der 80 «FKR»-Marschflugkörper und der sechs für die taktischen IL-28-Bomber vorgesehenen Atomwaffen? Der Papierform nach war die Antwort unmissverständlich, niedergelegt in einem um die Mittagszeit des 27. Oktober aus Moskau versandten Telegramm. Im Auftrag Nikita Chruschtschows erinnerte Verteidigungsminister Malinowski nicht nur an das von Anfang an geltende Tabu hinsichtlich der Mittelstreckenraketen; er erneuerte auch das am 22. Oktober erstmals ausgesprochene Verbot zum Einsatz taktischer Atomwaffen – egal, wann, mit welchen Mitteln und in welcher Weise die amerikanischen Streitkräfte angriffen. «Wir bekräftigen hiermit kategorisch, dass es untersagt ist, nukleare Bewaffnung für die Raketen, die FKR, die ‹Lunas› und die Flugzeuge ohne Erlaubnis aus Moskau zu verwenden.» Nichts deutet darauf hin, dass die sowjetische Führung im Oktober 1962 über einen Kampfeinsatz atomarer Gefechtsfeldwaffen auch nur nachgedacht hätte; in ihren Augen handelte es sich um Waffen zur Abschreckung – wie alle anderen nach Kuba gelieferten Raketen sollten sie ausschließlich einschüchtern.

Davon abgesehen, sprachen viele andere Gründe gegen eine atomare Eskalation. Die Sprengköpfe für die «Luna» und «FKR» waren entweder weit abseits der Trägersysteme gebunkert oder befanden sich noch an Bord des Frachters «Aleksandrovsk»; sie zu transportieren oder zu montieren, hätte Stunden gedauert. Die neun atomwaffenfähigen IL-28-Bomber waren nach ihrer Ankunft auf Kuba nicht zusammengebaut worden, weil die sowjetischen Kommandeure sie für nutzlos hielten. In anderen Worten: Die Wahrscheinlichkeit, dass irgendeines dieser Waffensysteme eine Invasion amerikanischer Truppen und die damit verbundenen massiven Luftangriffe überstanden oder rechtzeitig zur Verfügung gestanden hätte, war vergleichsweise gering. Nicht zuletzt sollte das strategische Kalkül der sowjetischen Streitkräfte auf Kuba in Rechnung gestellt werden. Ihre Notfallpläne sahen einen Rückzug ins Landesinnere und die Vorbereitung eines Guerillakrieges an der Seite der Kubaner vor, nicht aber die vorzeitige Kontaminierung eines für die Rückeroberung vorgesehenen Terrains.

Trotz alledem hatte Nikita Chruschtschow mit den taktischen Atomwaffen die Risiken beträchtlich erhöht. Mag er noch so sehr auf Kontrolle bedacht gewesen sein, so setzte er sich doch in unverantwortlicher Weise über seine eigenen Erfahrungen als Offizier hinweg. Michael Dobbs hat jüngst auf die Grauzone dieser Politik mit einem überraschenden Befund aufmerksam gemacht. Am Abend des 26. Oktober wurden drei «FKR»-Marschflugkörper mit Atomsprengköpfen bestückt in Stellung gebracht; ob mit oder ohne Genehmigung Moskaus, ist bis dato nicht bekannt. Ihr Ziel: Der 15 Meilen entfernte US-Stützpunkt Guantanamo. Zwar stand Guantanamo auf der Liste jener Objekte, die nur mit ausdrücklicher Genehmigung des Politbüros angegriffen werden durften. Aber gegen einen unbefugten Einsatz der Marschflugkörper wie aller anderen Atomwaffen gab es damals noch keine technischen Sicherungen; die «permissive action links» wurden erst in den Jahren danach und nicht zuletzt unter dem Eindruck der während der Kuba-Krise gesammelten Erfahrungen entwickelt. Und dass Chaos, Stress und Kommunikationsprobleme jede noch so ausgeklügelte Planung, jeden noch so gut gemeinten Vorsatz über den Haufen werfen können, dass untergeordnete Dienstgrade aus einer spontanen Eingebung heraus glauben Schicksal spielen zu müssen – auch dergleichen ist aus der Geschichte der Kriege sattsam bekannt. Der 27. Oktober 1962, der «schwarze Samstag», rief diese Lektion ein weiteres Mal in Erinnerung.

27. und 28. Oktober 1962

> «Jeder Trottel kann einen Krieg anfangen, und wenn er es einmal gemacht hat, sind selbst die Klügsten hilflos, ihn zu beenden – besonders, wenn es ein atomarer Krieg ist.»
> (Nikita Chruschtschow)

Dass die «Yankees» innerhalb von Stunden, spätestens im Verlauf der nächsten beiden Tage Kuba überfallen würden, stand für Fidel Castro außer Frage. Sowjetische und kubanische Geheimdienste hatten entsprechende Informationen gesammelt, der brasilianische Regierungschef João Goulart schloss sich dieser Einschätzung in einem am 26. Oktober hinterlegten Brief an. Zum Schutz der sowjetischen Raketen ließ Castro in aller Eile 50 Artilleriestellungen aufbauen und teilte Moskau seine Absicht mit, ab dem 27. Oktober das Feuer auf ausnahmslos alle amerikanischen Flugzeuge im kubanischen Luftraum zu eröffnen. Auch für den Fall einer Invasion waren die Vorbereitungen abgeschlossen, einschließlich der Aktivierung von Agenten, die in Lateinamerika und New York City Terroranschläge gegen amerikanische Einrichtungen verüben sollten.

Fidel Castro fordert zum Atomkrieg auf

Sichtlich aufgewühlt, suchte Castro gegen drei Uhr nachts den sowjetischen Botschafter Alexander Alexejew auf und verwickelte ihn in eine vierstündige Diskussion. «Wir waren berauscht von diesem außerordentlichen Geist des proletarischen Internationalismus», beschrieb Castro Jahre später die Stimmung in den eigenen Reihen, «und wir verteidigten diese Raketen mit erstaunlicher Hingabe und Liebe.» Weniger prosaisch könnte man auch von einer atemberaubenden Selbstüberschätzung und Selbstüberhöhung sprechen, von der ebenso exaltierten wie anmaßenden Gleichsetzung eigener Wünsche mit den Bedürfnissen der Menschheit. «Ich werde Chruschtschow einen aufmunternden Brief schreiben. Ich fürchte, dass diese Leute einen historischen Fehler begehen könnten.» Historisch korrekt war es laut Castro, unter keinen Umständen auch nur einen Fußbreit nachzugeben, koste es, was es wolle; und moralisch geboten war es seines Erachtens, einen Angriff auf Kuba mit allen zur Verfügung stehenden Mitteln zu rächen – nämlich mit einem nuklearen Erstschlag der UdSSR gegen die USA, unter Aufbietung des gesamten sowjetischen Arsenals und mit dem Ziel einer vollständigen Vernichtung der USA. Dutzende von Anläufen machte Castro in Anwesenheit von Alexejew, ehe er den seinen Vorstellungen entsprechenden Brief an Chruschtschow diktiert hatte. «Wenn [...] die Imperialisten auf Kuba einfallen, um es schließlich zu besetzen, stellt eine derart aggressive Politik eine so große Gefahr für die Menschheit dar, dass nach einer solchen Tat die Sowjetunion niemals Umstände zulassen darf, unter denen die Imperialisten gegen sie den nuklearen Erstschlag führen könnten.» Eine Invasion «[ist] der Moment, ein für alle Mal eine solche Gefahr zu eliminieren, durch einen Akt legitimster Verteidigung, so hart und schrecklich diese Lösung auch wäre, aber es gäbe keine andere.» Das verquaste Schreiben wurde umgehend auf den Weg gebracht.

Ob er tatsächlich zu einem nuklearen Angriff auf die USA riet, wollte ein ungläubiger Alexander Alexejew wissen. Castro bejahte, zunächst in einem weiteren Schreiben an Nikita Chruschtschow vom 31. Oktober, sodann in einer Rede vor dem Zentralkomitee der Kommunistischen Partei Kubas im Januar 1968, letztmals schließlich in mehreren Interviews aus den frühen 1990er Jahren. «Wir hätten mit einem Schlag geantwortet, der sie vernichtet hätte.» Keine historische Analogie, kein moralisches Argument war dagegen gefeit, in Castros Dienste genommen zu werden: Die Sowjetunion hatte schon einmal, 1941 nämlich, über Gebühr und zu ihrem großen Schaden gezögert; wer Kuba angreift, erklärt der gesamten Menschheit den Krieg; der nobelste Tod eines Revolutionärs ist der Märtyrertod – «con suprema dignidad», mit höchster Würde und Weihe. Und so weiter und so fort in einem Monolog von Hybris, Verblendung und Fanatismus, immun gegen jeden Zweifel, bereit, ein Scheitern der Befreiung mit einer Entfesselung der Apokalypse zu quittieren. In dieser Hinsicht sprach Kubas Führung eine gemeinsame Sprache, war sich Fidel Castro mit Che Guevara einig; auch wenn er Millionen atomarer Opfer kostete, ihr Weg war und blieb der einzige Weg, die letzte und alleinige Hoffnung auf Erden. Über Ursachen und Motive dieser Argumentation ließe sich lange streiten; nicht indes über die dahinter stehende Entschlossenheit und Ernsthaftigkeit. Castro: «Es war unser Los, den Preis zu bezahlen, aber wenigstens wäre die Welt vom Imperialismus befreit worden.»

Raketenhandel?

Als das Politbüro in Moskau um die Mittagszeit zusammentritt, ist Castros Demarche noch auf dem Weg. Stattdessen wartet Nikita Chruschtschow mit einer Überraschung auf. Hatte er die Tage zuvor noch einen unmittelbar bevorstehenden amerikanischen Angriff für möglich, wenn nicht für höchst wahrscheinlich gehalten, so ist er jetzt ganz anderer Meinung. «Ich glaube, sie werden es nicht wagen, das zu tun.» Ein zum Handeln entschlossener amerikanischer Präsident, davon scheint Chruschtschow überzeugt, hätte längst den Befehl zum Angriff gegeben. Kennedys Zaudern hingegen will er nutzen, um das ursprüngliche Anliegen der Raketenstationierung doch noch durchzusetzen: die Anerkennung der UdSSR als gleichberechtigte Weltmacht. «Falls wir sie dazu bringen können, im Gegenzug ihre Stellungen in der Türkei aufzulösen, dann haben wir gewonnen.» Wie man sich mit amerikanischen Mittelstreckenraketen abgefunden hatte, so sollten sich jetzt die Amerikaner ebenfalls mit grenznahen Waffen dieser Art abfinden. Also diktiert Chruschtschow in Gegenwart des Politbüros einen neuen Brief an Kennedy, einen geschäftsmäßigen Brief von Gleich zu Gleich, ohne Drohungen und Verwünschungen, dafür mit dem Versprechen, amerikanisches Entgegenkommen mit demselben Entgegenkommen Moskaus zu beantworten: Die eine Seite baut ihre Raketen auf Kuba ab, die andere Seite tut es ihr in der Türkei gleich, die eine Seite garantiert die Unverletzlichkeit der türkischen Grenzen, die andere Seite die territoriale Souveränität und Integrität Kubas. Damit keine Zeit verloren geht und die ganze Welt Zeuge ist, wird der Brief um 17 Uhr Ortszeit über Radio Moskau verlesen.

Über die Motive hinter Chruschtschows neuer Taktik hat man lange spekuliert. Gingen die einen von den notorischen Stimmungsschwankungen des Kreml-Chefs, von seiner Neigung zum Experiment und zu nicht durchdachten Schachzügen aus, sahen andere ein weiteres Beispiel für seine Fehleinschätzung amerikanischer Politik im Allgemeinen und John F. Kennedys im Besonderen. Möglicherweise waren es aber ausgerechnet Amerikaner, die Chruschtschow auf die Idee eines Raketenhandels brachten: zwei Journalisten mit engen Beziehungen zum Präsidenten hatten am 23. Oktober den alten Kontaktmann Robert Kennedys in der sowjetischen Botschaft, Georgi Bolschakow, auf diese Variante einer Krisenlösung angesprochen; der renommierteste Journalist des Landes, Walter Lippmann, schlug in seiner Kolumne in der *Herald Tribune* vom 25. Oktober einen Raketenhandel vor, offenbar in Anknüpfung an Max Frankel von der *New York Times*, der tags zuvor unter Berufung auf «gut informierte Quellen des Weißen Hauses» genauso argumentiert hatte. Dass die im «ExComm» isolierte Minderheit, etwa George Ball vom Außenministerium, diese Pressekontakte pflegte, ist wahrscheinlich, aber nicht erwiesen. Keine Spekulation hingegen ist, dass Chruschtschow seit Monaten über NATO-Pläne zum Austausch der Jupiter-Raketen in der Türkei gegen moderne Polaris-U-Boote im Bilde war. Wie auch immer: Niemand im Politbüro rechnete mit zusätzlichen Schwierigkeiten aufgrund dieses Vorschlags.

Die Meldung von Radio Moskau erreichte das «ExComm» kurz nach 10 Uhr vormittags. Eigentlich war man nur vom Zeitpunkt, nicht aber vom Inhalt des sowjetischen Vorstoßes überrascht. Noch vor Verhängung der Blockade hatte das «Ex-Comm» die Jupiter in Italien und der Türkei als Schwachstelle seiner Kuba-Politik ausgemacht. Wie sollte man begründen, dass Raketen gleicher Bauart und Reichweite auf Kuba gefährlicher waren als in der Nähe zur UdSSR? Seit dem 20. Oktober befasste sich das «ExComm» wiederholt mit diesem Problem, am 21. Oktober holten die Brüder Kennedy bei engen Beratern und Freunden Rat ein, kurz darauf sondierte Außenminister Rusk beim US-Botschafter in Ankara die Haltung der türkischen Regierung zu diesem Problem, erfahrene Diplomaten wie Adlai Stevenson oder Averell Harriman stellten einschlägige Memoranden zur Diskussion; und im Protokoll einer «Ex-Comm»-Sitzung vom 26. Oktober wurde der Präsident mit den Worten zitiert: «Wir werden die strategischen Raketen der Sowjets aus Kuba nur herausbekommen, wenn wir entweder einmarschieren oder die einen gegen die anderen Raketen tauschen.» Die Zeit unverbindlicher Gedankenspiele war jetzt vorbei.

John F. Kennedy sorgte sich in erster Linie um die öffentliche Meinung. Wie sollte man die Verluste eines Militäreinsatzes rechtfertigen, wenn auch ein unblutiger Raketenhandel möglich war? «Wir [werden] es sehr viel schwerer haben, etwas zu unternehmen und dafür auch noch die Unterstützung der Weltöffentlichkeit zu haben.» Zumindest die europäischen Verbündeten wollte er vor weiteren Entscheidungen ins Boot holen. Egal, ob man sich am Ende für einen Raketenhandel oder eine Invasion entschied, sie mussten den amerikanischen Kurs mittragen. Sollte man einen Raketenhandel ohne vorherige Konsultation eingehen, war die Schlagzeile klar: «Verräter»; im Falle einer nicht hinreichend erklärten Invasion ebenfalls: «Kriegstreiber». Seine persönliche Präferenz ließ Kennedy noch nicht erkennen; wohl aber ein sicheres Gespür für politische Fallen und Untiefen, für die Gefahren überstürzten Handelns. «Sie [die Sowjets] haben nun einmal sehr gute Karten. Diesmal werden wir es sehr schwer haben, denke ich. [...] Machen wir uns doch nichts vor. [...] Ich [sehe] nicht, wie wir einen sehr guten Krieg hinbekommen werden.»

Doch je länger der Präsident redete, desto unklarer wurde, worauf er eigentlich hinauswollte. Seine Argumente erschienen widersprüchlich, mehrdeutig und vor allem unentschieden. Nach wie vor galt: «Time is of the essence», jeder Tag ohne Entscheidung ist für die Sowjets von Vorteil. Woher also die Zeit zu Gesprächen mit der NATO nehmen, zumal eine Antwort auf Chruschtschows Forderung keinen langen Aufschub duldete? Nicht nachdenklich wirkte John F. Kennedy, sondern verunsichert, eher orientierungslos als abwägend. Eindeutig war im Grunde nur seine Zweideutigkeit. Im gleichen Atemzug einem Raketenhandel das Wort zu reden und einen militärischen Angriff als unumgänglich zu bezeichnen, kündete in jedem Fall nicht von Führungsstärke und Durchsetzungswillen. Dementsprechend verheddert sich der Präsident in einem ständigen «sowohl als auch», «ja aber», «vielleicht doch nicht», «möglicherweise, wenn», «unter anderen Umständen, falls».

In Kennedys Auftreten spiegelt sich auch die eisige Ablehnung im «ExComm». Von den «Hardlinern» um Dillon, Nitze und McCone war ohnehin nichts anderes zu erwarten; aber auch Bundy, Sorensen, Robert Kennedy und Thompson reagierten allergisch auf das Thema Raketenhandel. McNamara erst recht: «Wie können wir denn mit jemandem verhandeln, der sein Angebot verändert, bevor wir antworten können, und überdies seine Forderungen in der Öffentlichkeit ausbreitet, ehe wir davon unterrichtet sind?» Im Übrigen drehte man argumentative Endlosschleifen aus dem Fundus des Kalten Krieges: Wer Verbündete unter solchen Umständen zur Konsultation bat, stellte seine Entscheidungsfreiheit in Frage; der Zusammenhalt der NATO hing von der Glaubwürdigkeit der USA und der Verlässlichkeit ihrer Beistandsgarantien ab – allein das Reden über einen Raketenhandel beschädigte beides; Schwäche zu zeigen, hieß, die Republikaner zu stärken und die politische Zukunft des Präsidenten einzutrüben. Den ganzen Tag über blieben Kennedys wichtigste Berater bei dieser Litanei. Von Stunde zu Stunde wurde deutlicher, dass der Präsident mit seinen Zweifeln allein stand.

Überraschend ist weniger, dass widersprochen, sondern wie der Widerspruch formuliert und vorgetragen wurde. «Es ist töricht, zum jetzigen Zeitpunkt die NATO ins Spiel zu bringen, egal, welche [...] Begründungen dafür genannt werden», giftete Llewellyn Thompson. Die Tonbandprotokolle dokumentieren einen bemerkenswerten Autoritätsverlust des Präsidenten. Kaum hatte er zu reden begonnen, fielen andere ihm ins Wort, entwickelten sich aufgeregte Gespräche rings um ihn herum. Es schien, als erinnerten sich einige an den Zauderer Kennedy aus den Tagen der «Schweinebucht», als verdächtigten sie ihn, in Sachen Stärke und Willenskraft immer nur Sonntagsreden gehalten zu haben. Unwirsch und bissig waren die Kommentare, von kaum gezügelter Aggressivität. McGeorge Bundy gab sogar zu bedenken, dass die entscheidenden Machtzentren der Administration geschlossen gegen einen Raketentausch votierten. Auch wenn sie nicht so gemeint waren, Bundys Worte klangen wie eine Kampfansage, zumindest wie ein Misstrauensvotum.

Eskalation hinter dem Rücken der Akteure

Und dann das: Kaum hatte sich das «ExComm» mit Mühe und Not darauf verständigt, mit der Antwort an Chruschtschow noch zu warten und erst einmal den sofortigen Stopp der Stationierungsarbeiten sowie eine Entschärfung der bereits aufgestellten Raketen zu verlangen, als Robert McNamara gegen 14 Uhr vom Irrflug einer U-2 erfuhr. Angeblich zur Entnahme radioaktiver Luftproben eingesetzt, war der Pilot scheinbar wegen Navigationsproblemen mehr als 1000 Meilen vom Kurs abgekommen und hielt sich für 45 Minuten nahe der Halbinsel Tschukotsk im sowjetischen Luftraum auf. McNamara, der gerade mit den Vereinten Stabschefs konferierte, wurde angeblich kreidebleich und schrie hysterisch: «Das bedeutet Krieg mit der Sowjetunion!» In der Tat stand zu befürchten, dass sowjetische Militärs die Mission als Ausspionieren potentieller Bombenziele oder als Test ihrer Luftabwehr werteten. Sechs MiGs jagten die

U-2, auf der anderen Seite stiegen zwei F-102-Abfangjäger auf, dem «DefCon 2»-Alarm entsprechend mit atomaren Luft-Luft-Raketen ausgestattet. Niemand in Washington durchschaute, wer den Einsatzbefehl für die F-102 gegeben hatte, welche Direktiven den Piloten vorlagen und wie sie im Falle eines Feindkontakts reagieren sollten. Zu diesem Kontakt kam es nicht, die U-2 konnte rechtzeitig Richtung Alaska entkommen. Weil die Luftwaffe nach wie vor die Freigabe einschlägiger Akten verweigert, gibt der U-2-Flug vom 27. Oktober weiterhin Rätsel auf. Vor allem ist unklar, warum man derartige Einsätze in Grenznähe zur UdSSR zu dieser Zeit nicht untersagt hatte. Dass die politische Führung mit einer Verzögerung von anderthalb Stunden informiert wurde, bleibt gleichermaßen irritierend.

Ein zeitgleicher Kontrollverlust bei den sowjetischen Streitkräften ist mittlerweile geklärt. Kurz nach 14 Uhr erfuhr das «ExComm» von einer überfälligen U-2. Wie sich später herausstellte, war die Maschine von Major Rudolf Anderson vier Stunden zuvor ins Visier einer sowjetischen Luftabwehrstellung auf Kuba geraten. Auf die U-2 zu schießen, war eigentlich strikt untersagt. Aber an diesem Tag reagierten die Mannschaften nervös, viele rechneten stündlich mit einer Invasion; vielleicht interpretierte man den aufgeregten Funkverkehr der Kubaner gar als Beginn einer Abwehrschlacht. Wie auch immer: Die Besatzung der SA-2-Batterie erbat Instruktionen aus dem Hauptquartier. Da Issa Plijew vorübergehend nicht zu erreichen war, die U-2 aber nur wenige Minuten im Zielradar verblieb, handelten zwei Offiziere auf eigene Faust: Generalleutant Stepan Gretschko, Stellvertreter Plijews, und Generalmajor Leonid Garbuz gaben den Befehl zum Abschuss. Obwohl das «ExComm» kurz zuvor mit einem unvorhergesehenen Zwischenfall auf der eigenen Seite konfrontiert worden war, unterstellte man den Sowjets eine vorsätzliche Provokation. George Ball: «Wir stellten Vermutungen an und lagen damit völlig daneben – und die ganze Zeit benutzten wir Hinweise eines Geheimdienstes, den wir für den besten hielten.»

John F. Kennedys Geheimdiplomatie

Einige im «ExComm» schienen geradezu erleichtert, lieferte der U-2-Abschuss über Kuba doch den gewünschten Vorwand für eine militärische Eskalation. Robert McNamara gab mit einem minutiösen Fahrplan den Ton an, aber beileibe nicht so unterkühlt wie bisher, viel drängender trat er auf, beinahe unbeherrscht. Im Stakkato seiner minimalistischen Diktion: Noch an diesem Abend, spätestens im Morgengrauen des nächsten Tages die für den Abschuss der U-2 verantwortliche Flak zerstören, während der Nacht mit Leuchtmunition die Raketenstellungen in gleißendes Licht tauchen und Kubaner wie Sowjets in Angst und Schrecken versetzen, tags darauf die Luftaufklärung intensivieren und jeden Flakbeschuss sofort mit Begleitbombern vergelten, die politischen Vorbereitungen für einen umfassenden Luftangriff und die anschließende Invasion abschließen, über eine Reaktion der NATO nachdenken, falls die UdSSR den Angriff auf Kuba mit Repressalien gegen die Türkei beantwortet. «Wir werden beschossen werden, überhaupt keine Frage. [...] Wir werden Kuba aus der Luft ganz schön aufmischen.» Mehr noch als seine Worte verriet McNamaras Ton, dass er politischer Initiativen überdrüssig war und den noch immer zurückhaltenden Präsidenten zum Zupacken drängen wollte.

Es folgte eine mehrstündige Debatte über den Antwortbrief an Nikita Chruschtschow, konfus, chaotisch und vor allem gereizt. Kennedys Berater fielen sich ständig gegenseitig ins Wort, redeten gleichzeitig aufeinander ein und aneinander vorbei, korrigierten ihre Gegenüber, dann wieder sich selbst, verbündeten sich mal mit dem einen, mal mit dem anderen, wechselten ständig ihre Meinung. Selbst in verzerrten Tonbandmitschnitten ist herauszuhören, dass die Stimmung aggressiv, verbittert, bisweilen hasserfüllt war – «rancorous», wie Theodore Sorensen rückblickend meinte. «Die Falken wurden immer bösartiger und traten umso geschlossener auf, je mehr Zeit verging», erinnerte sich George Ball. «Ich fürchtete mich zu Tode, dass Nitze, Dillon und Taylor den Präsidenten zermürben würden.»

Zumindest einen Erfolg konnten sich die «Hardliner» zu diesem Zeitpunkt bereits gutschreiben: Der Brief an Chruschtschow trug den Bedenken des Präsidenten keine Rechnung, fast geschlossen hatte sich das «ExComm» über John F. Kennedy hinweggesetzt. Man sollte, so regte McGeorge Bundy erstmals während der Vormittagssitzung an, die Forderung nach einem Raketenhandel vollständig ignorieren und stattdessen nur auf die sowjetische Forderung vom 26. Oktober eingehen: Abbau der Raketen, garantierter Invasionsverzicht im Gegenzug. Verhandlungen über die Stützpunkte in der Türkei wollte er zwar zu einem späteren Zeitpunkt nicht ausschließen, aber in jedem Fall aus dem «Kuba-Paket» herausnehmen. Am Nachmittag warf Llewellyn Thompson sein ganzes Renommee als Sowjetexperte zugunsten dieser Variante in die Waagschale. Seines Erachtens war Chruschtschow risikoscheu, mithin erpressbar; auch nur einen Gedanken an einen Raketenhandel zu verschwenden, war aus seiner Sicht politischer Dilettantismus. «Diese Jungs geben doch bereits nach. [...] Wir sollten ihnen weiterhin Zunder geben.» An dieser Stelle verzeichnet das Tonbandprotokoll eine der wenigen Wortmeldungen von Vizepräsident Lyndon B. Johnson. «Ihr Kriegstreiber solltet euch zusammentun», meinte er an die Adresse von Thompson und Dillon. Die Gemüter beruhigten sich, als Robert Kennedy und Redenschreiber Sorensen die Argumente der «Hardliner» in eine diplomatisch vertretbare Form gebracht hatten; die Sitzung des «ExComm» wurde unterbrochen, der Brief nach Moskau abgeschickt.

«Egal, wir können es versuchen, aber er [Chruschtschow] wird darauf [auf den Raketenhandel] zurückkommen, da bin ich mir sicher.» John F. Kennedy spürt, dass Chruschtschow in die Enge getrieben wird, ihn stört der ultimative Ton des Schreibens: sofort muss die Arbeit an den Raketenrampen eingestellt werden, sofort müssen alle Offensivwaffen entschärft werden, sofort muss der Kreml auf das ursprüngliche Angebot vom 26. Oktober zurückkommen. Was aber, wenn sich Chruschtschow zur Wehr setzen, seine Forderung erneuern und die USA in Zugzwang bringen wird? Dann greift die Logik aller Ultimaten. «Dann werden wir meiner Meinung nach etwas tun müssen. [...] Die Eskalation wird weitergehen.» Robert Kennedy zufolge sagt sein Bruder: «Ich habe keine Bedenken in Bezug auf den ersten Schritt, sondern in Bezug auf die Eskalation beider Seiten zum vierten und fünften Schritt – zum sechsten kommt es nicht, weil niemand mehr da sein wird. Wir müssen uns darüber klar sein, dass wir einen sehr gefährlichen Kurs einschlagen.»

Vor einer Auseinandersetzung mit der Mehrheit des «Ex-Comm» schreckt John F. Kennedy freilich zurück. Er kann die Stimmung seiner Berater lesen, weiß, dass jede weitere Debatte über einen Raketenhandel den Verdacht der «Beschwichtigungspolitik» schüren wird. Vor allem aber traut er dem «Ex-Comm» die notwendige Verschwiegenheit und Loyalität nicht zu. In der Presse als «Appeaser», als Zauderer und Schwächling porträtiert zu werden, wäre das Ende seiner politischen Karriere, davon ist der Präsident überzeugt. In der Tat sitzen im Regierungs- und Verwaltungsapparat, beim Militär und im Kongress genug Opponenten, die eine zweite «Schweinebucht» nicht tolerieren würden. Also entscheidet sich Kennedy zur Geheimdiplomatie, zu einem Vorstoß hinter dem Rücken des «Ex-Comm». Oberste Maxime: Die Spuren dürfen nicht ins Weiße Haus zurückweisen. «Plausible deniability», glaubwürdige Verleugnung, nennt man dieses Verfahren in Geheimdienstkreisen bis heute.

Im Oval Office, abseits der Abhöranlagen, traf sich der Präsident gegen 19 Uhr mit Robert Kennedy, Robert McNamara, McGeorge Bundy, Dean Rusk, Theodore Sorensen und Llewellyn Thompson, Männer, auf deren Integrität er sich auch dann verlassen konnte, wenn man nicht einer Meinung war. Sie sollten wissen, dass er nicht prinzipiell gegen einen Einsatz des Militärs war; aber bevor man diesen Schritt ging, wollte er Chruschtschow den Ernst der Lage noch einmal und zwar auf informellem Weg verdeutlichen. Robert Kennedy hatte sich für 20 Uhr mit dem sowjetischen Botschafter Anatoli Dobrynin verabredet, Anregungen waren erwünscht. Über die Instruktionen für dieses Gespräch erfuhr die Gruppe hingegen nichts, darüber verständigte sich John F. Kennedy nur mit seinem Bruder und mit Außenminister Rusk, ohne schriftliche Vorlage, ohne Aktennotiz.

«Robert Kennedy war sehr aufgebracht; so habe ich ihn nie zuvor gesehen. [...] Er hat noch nicht einmal den Streit über verschiedene Angelegenheiten gesucht, wie es sonst seine Art ist. Stattdessen kehrte er immer wieder zu ein und demselben Punkt zurück: die Zeit drängt, und wir sollten die Gelegenheit nicht verpassen.» Aus dem Telegramm Dobrynins nach Moskau sowie anhand der Gedächtnisprotokolle, die er und Robert Kennedy hinterließen, lässt sich das Treffen im Justizministerium rekonstruieren. Der Bruder des Präsidenten warnte in drastischen Worten vor Hitzköpfen im Militär, die einen Krieg herbeisehnten und John F. Kennedy mehr und mehr unter Druck setzten – einerseits eine treffende Schilderung, andererseits ein Spiel mit der Angst, das Robert Kennedy schon mehrmals mit sowjetischen Diplomaten getrieben hatte. Wie auch immer Chruschtschow die Lage in Washington deutete, eine Erklärung zum Abbau der Raketen musste er binnen 24 Stunden abgeben. «Die Bitte um eine Antwort im Laufe des morgigen Tages ist nichts weiter als eine Bitte und kein Ultimatum.» Ob die USA ein sowjetisches Einlenken nicht allein mit einem Invasionsverzicht, sondern auch mit einem Abzug der Jupiterraketen aus der Türkei honorieren würden, wollte Dobrynin wissen. Robert Kennedy hielt sich Wort für Wort an die im Weißen Haus verabredete Antwort: Die Krise mit einem Raketenhandel beilegen zu wollen, war illusorisch; andererseits wünschte der Präsident seit langem eine Demontage der veralteten Jupiter – vier bis fünf Monate nach einem sowjetischen Rückzug aus Kuba ließ sich diese Absicht realisieren. Chruschtschow sollte indes keine falschen Schlüsse ziehen. Es handelte sich um eine streng vertrauliche Information, keinesfalls um ein Gesprächs- oder gar Verhandlungsangebot. Sollte dieser Teil einer politischen Lösung an die Öffentlichkeit gelangen, würde es keine politische Lösung geben.

Auf Drängen von Dean Rusk billigte John F. Kennedy an diesem Abend noch eine weitere Geheiminitiative, eine Option für eine Politik über Bande. Der Außenminister setzte sich mit Andrew Cordier, einem ehemals bei der UNO tätigen Diplomaten, in Verbindung und bereitete ihn auf einen etwaigen Einsatz aus dem Ruhestand vor. Sobald das Weiße Haus ein entsprechendes Zeichen gegeben hatte, sollte Cordier den Generalsekretär der Vereinten Nationen aufsuchen und U Thant bitten, die Supermächte zum zeitgleichen Verzicht auf ihre Mittelstreckenraketen in der Türkei und auf Kuba aufzufordern – öffentlich und im Namen der UNO. Wie wahrscheinlich diese Mission war, ließ Rusk offen; sehr entschieden betonte er indes den Grundsatz der «plausible deniability». Niemals und unter keinen Umständen durfte der Präsident mit dem Vorschlag in Verbindung gebracht werden.

Um 21 Uhr 30 trat das «ExComm» noch einmal zusammen, in gedrückter Stimmung. Zwar hatte der Präsident den ursprünglich geplanten Nachteinsatz von Luftaufklärern verboten; aber am nächsten Tag sollten sie in Begleitung von Kampfbombern fliegen. Eine auf Eskalation angelegte Entscheidung, wie alle wussten, hatte Castro bereits an diesem Tag alle amerikanischen Maschinen unter Feuer nehmen lassen. Im Wiederholungsfall und unter der Voraussetzung, dass aus Moskau keine oder eine ablehnende Antwort auf den heutigen Brief an Chruschtschow vorlag, würde Kuba zum «open territory» erklärt. Dessen war sich Kennedy sicher. In anderen Worten: In zwei, spätestens in drei Tagen war mit Vergeltungsangriffen auf die Flakstellungen zu rechnen, zugleich mit einer Zerstörung der in ihrer Nähe aufgebauten Mittelstreckenraketen. John F. Kennedy schätzte in dieser Stunde das Kriegsrisiko auf 25 : 75 oder 50 : 50, Robert McNamara fragte sich, ob er je wieder einen Samstag erleben würde. «Bobby, [...] wir werden zwei Sachen parat haben müssen», meinte er zu Robert Kennedy, «eine Regierung für Kuba, weil wir eine brauchen werden, nachdem wir mit 500 Flugzeugen dort reingegangen sind. Und zweitens Pläne, wie wir der Sowjetunion in Europa antworten, weil sie dort etwas unternehmen werden, so sicher wie das Amen in der Kirche.» Einzig die «Hardliner» klangen optimistisch, unerschütterlich in ihrem Glauben an die Erpressbarkeit der Sowjets

oder die erdrückende Überlegenheit der eigenen Waffen, zu
guter Letzt auch noch zu Scherzen aufgelegt. «Wie wäre es,
wenn wir Bobby zum Bürgermeister von Havanna machten?»

Die ganze Last lag jetzt auf Nikita Chruschtschow. Von ihm
verlangte man Schritte, die im umgekehrten Fall als unzumut-
bar, als Zeichen von Schwäche und Unentschiedenheit zurückgewiesen worden wären – dass er von einer öffentlich rekla-
mierten Forderung Abstand nahm, dass er eine Beschädigung
des eigenen, noch mehr aber des Image der UdSSR akzeptierte,
dass er gegenüber einem Verbündeten sein Wort brach. Kurz:
dass er am Ende mit leeren Händen dastand. Weil John F. Kennedy unbedingt den Ruf eines harten, durchsetzungsfähigen
Staatsmanns erwerben wollte, weil er der Meinung war, sich
keine Blöße geben zu dürfen, erst recht nicht im Kreis seiner
engsten Berater, hatte er die Entscheidung über einen «kleinen
Krieg» auf Kuba, möglicherweise über einen «großen Krieg»
zwischen den Supermächten, aus der Hand gegeben und an den
vermeintlich unverantwortlichsten Politiker auf Erden dele-
giert.

Nikita Chruschtschow löst den Knoten

Moskau, 28. Oktober 1962, 12 Uhr mittags: Nichts als schlechte
Nachrichten konnte Nikita Chruschtschow dem Politbüro mit-
teilen, das zu einer neuerlichen Krisensitzung in einer Datscha
nahe Moskau zusammengekommen war. Noch in der Nacht
hatte er von seinem Referenten Oleg Trojanowski über Castros
Atomkriegsphantasien erfahren, ungläubig zunächst, am Ende
aber überzeugt, dass der Kubaner wahnsinnig geworden war –
geblendet von revolutionärem Ehrgeiz, ignorant gegenüber der
Zerstörungskraft von Nuklearwaffen. Mittlerweile traute der
Kreml-Chef den Amerikanern auch einen Angriff auf Kuba zu.
Der sowjetische Militärgeheimdienst wollte von Notfallmaß-
nahmen amerikanischer Krankenhäuser für die Aufnahme von
Verwundeten erfahren haben, die Botschaft in Washington
sprach von zuverlässigen Informationen über kurz bevorste-
hende Luftangriffe und amphibische Landungen. Und dann
auch noch der Abschuss der U-2 über Kuba. Als Verteidigungs-

minister Rodion Malinowski sich zu der Erklärung verstieg, die sowjetischen Offiziere hätten in Abwesenheit ihres Vorgesetzten auf kubanische Einsatzrichtlinien zurückgegriffen, explodierte Chruschtschow. «Zu welcher Armee gehört unser Offizier? Zur sowjetischen oder zur kubanischen Armee? Wenn er in der sowjetischen Armee ist, warum befolgt er dann anderer Leute Befehle?»

Die Nachricht über die U-2 und das selbstherrliche Handeln der eigenen Offiziere schockiert Chruschtschow mehr als alles andere. Er erkennt, dass ihm die Entwicklung zu entgleiten droht. Nicht auszuschließen ist, dass sich dergleichen wiederholt; sehr wahrscheinlich ist, dass die Amerikaner eine kubanische Kontrolle über die Flak, wenn nicht gar über die Mittelstreckenraketen vermuten und folglich erst recht in Panik geraten. Von diesen Befürchtungen getrieben, zieht Chruschtschow die Notbremse. Er monologisiert etwa eine Stunde lang, lässt nur gelegentliche Bemerkungen von Anastas Mikojan und Andrej Gromyko zu, will seine Kollegen und, wie es scheint, in erster Linie sich selbst von der Notwendigkeit einer sofortigen Umkehr überzeugen. Die Zeit des Nachkartens und Auslotens möglicher Spielräume ist seines Erachtens abgelaufen, ungeachtet der politischen Kosten. Was einzig zählt, ist die Gefahr eines Kontrollverlusts.

Wie bei weit reichenden Entscheidungen üblich, bemüht Chruschtschow auch diesmal die heroischen Revolutions- und Kriegsjahre, vorweg den Übervater Lenin, zur Beglaubigung. Mit dem Abschluss des Friedensvertrages von Brest-Litowsk im März 1918, so Chruschtschow, hat Lenin ein politisches Vermächtnis von bleibendem Wert hinterlassen: So sehr die Sowjetmacht auf revolutionärem Idealismus gründet, so sehr bedarf sie der Bereitschaft zum Kompromiss, mitunter auch zum Rückzug, um zu überleben. Damals trat Lenin westliche Grenzgebiete der UdSSR ab; heute verzichtet man auf eine gewichtige Forderung an den Konkurrenten. 1918 wurde die Sowjetmacht gerettet, 1962 die Menschheit. «Wir sehen uns unmittelbar der Gefahr eines Krieges und einer nuklearen Katastrophe ausgesetzt. [...] Um die Welt zu retten, müssen wir den Rückzug antreten.» Im Übrigen steht Moskau nicht mit leeren Händen da, im Gegenteil. Für Chruschtschow ist Kennedys Versprechen, Kuba künftig nicht anzugreifen, ein politischer Sieg; jedenfalls betreibt er einen großen rhetorischen Aufwand zur Ausschmückung dieses Arguments.

Der Rest ist Formsache. Nikita Chruschtschow zitiert einen Stenographen herbei und diktiert in Anwesenheit des Politbüros, dass die UdSSR den Invasionsverzicht der USA mit dem Abzug ihrer Mittelstreckenraketen honoriert. Genauer gesagt jener Waffen, «die Sie [Präsident Kennedy] als offensive bezeichnet haben». Am späten Nachmittag wird ein Durchschlag des Schreibens per Kurier zu Radio Moskau gebracht, eine weitere Kopie geht an die amerikanische Botschaft. Ein letztes Mal dreht der Kommunikationsteufel allen eine Nase. Andrej Gromyko möchte Robert Kennedy informieren, dass in Kürze eine «äußerst positive» Antwort aus Moskau zu erwarten ist; sein diesbezügliches Telegramm an Botschafter Dobrynin geht anderthalb Stunden nach der offiziellen Meldung von Radio Moskau in Washington ein. Beinahe wäre es noch rechtzeitig angekommen, denn die Ausstrahlung von Chruschtschows Brief steht kurzfristig auf der Kippe. Dank der großzügigen Regelungen für Regierungslimousinen endlich bei Radio Moskau angekommen, bleibt der Bote im Fahrstuhl des Senders stecken. Seite für Seite wird der Text durch das Gitterrost des Förderkorbs nach außen gereicht und einem ungeduldigen Ansager zur Sprechprobe übergeben. Radio Moskau sendet um 17 Uhr Ortszeit, zuerst in russischer, dann in englischer Sprache.

Zeitgleich erhielt der Oberkommandierende auf Kuba, Issa Plijew, eine neue Instruktion. Verbunden mit einer Rüge für den U-2-Abschuss, untersagte Verteidigungsminister Malinowski nicht nur den Einsatz von SA-2-Luftabwehrraketen; er verhängte auch ein sofortiges Flugverbot für alle sowjetischen Maschinen auf Kuba, um ein Aufeinandertreffen mit amerikanischen Aufklärern zu vermeiden. Und weiter: «Keine Unbefugten in die Nähe der Raketen lassen», «die Raketen unter keinen Umständen abfeuern», «keine Sprengköpfe montieren», «sofort mit dem Abbau der Raketenstellungen beginnen». Drei

Stunden später schickte die CIA ein Telex zum Weißen Haus. Die Stützpunkte der Mittelstreckenraketen wurden tatsächlich aufgelöst.

Ein drittes Schreiben, das diffizilste von allen, war an Fidel Castro adressiert. Chruschtschow hatte über seinen Kopf hinweg entschieden, ihn noch nicht einmal im Vorwege unterrichten lassen. Wegen eines gestörten Radioempfangs hatte Castro erst durch eine Meldung von Associated Press von dem Brief an Kennedy erfahren. Um Verständnis oder gar Entschuldigung wollte Chruschtschow zu diesem Zeitpunkt aber nicht bitten. Er machte aus seinem nachhaltigen Ärger keinen Hehl, warf Castro den Abschuss der U-2 und eine Zuspitzung der Lage vor, forderte eindringlich einen Verzicht auf weitere militärische Provokationen und erwartete eine vorbehaltlose Unterstützung des sowjetischen Angebots zur Lösung der Krise, die Inspektion kubanischen Territoriums inbegriffen. Kurz: Chruschtschow erteilte eine Lektion in Sachen Pragmatismus. Wer nicht den Militaristen in Washington in die Hände arbeiten wollte, sollte seine Emotionen zügeln, sich nicht zu erratischen Entscheidungen hinreißen lassen. «Ich möchte Sie auf freundschaftliche Weise darum bitten, Geduld zu zeigen, Standfestigkeit und noch mal Standfestigkeit.» Wie sich bald zeigen sollte, hatte sich Chruschtschow für Castros Geschmack im Inhalt wie im Ton auf eine nicht hinnehmbare Weise vergriffen.

Keine Kompromisse

Nikita Chruschtschows Einlenken am Mittag des 28. Oktober 1962 stand in keinerlei Zusammenhang mit den amerikanischen Jupiter-Raketen in der Türkei. Zwar hatte Robert Kennedy am Abend zuvor gegenüber Anatoli Dobrynin einen Abzug auch dieser Raketen in Aussicht gestellt – nach Beilegung der Krise, bei Wahrung strengster Geheimhaltung. Aber Chruschtschow traf seine Entscheidung unabhängig von dieser Information. Als der Bericht des Botschafters in Moskau einging, hatte er das Politbüro längst von seinen Überlegungen in Kenntnis gesetzt. Dobrynins Telegramm schien nur von atmosphärischem Inter-

esse: sein Hinweis auf aggressiv auftretende Generale bestätigte
nämlich Chruschtschows lang gehegte Überzeugung, dass die
Militaristen im Pentagon politisch unberechenbar waren, im
Zweifel auch vor einem Staatsstreich nicht zurückschreckten.
Das Drängen Robert Kennedys, sein Ultimatum, spielte für den
Ausgang der Kuba-Krise erst recht keine Rolle; von strapa-
zierten Nerven der unmittelbar Beteiligten abgesehen, hinterließ
Washingtons Geheimdiplomatie nirgendwo Spuren. Fast vier-
zig Jahre mussten vergehen, ehe Historiker diese zeitliche Ab-
folge rekonstruieren und ihre Bedeutung für die Motive Nikita
Chruschtschows würdigen konnten.

Bleibt die Frage nach Chruschtschows Alternativen. Was
wäre geschehen, wenn er auf der politischen Gleichberechtigung
seines Landes und folglich auf einem zeitgleichen Rückzug der
amerikanischen Mittelstreckenraketen aus der Türkei beharrt
hätte? Wenn er aus Gründen der politischen Symbolik diesen
Raketenhandel vor den Augen der Weltöffentlichkeit hätte ab-
wickeln wollen? Wäre John F. Kennedy ihm entgegengekom-
men? Bekanntlich gibt es auf kontrafaktische Überlegungen
keine schlüssigen Antworten. Im vorliegenden Fall indes drängt
sich der Schluss auf, dass Chruschtschow instinktiv die richtige
Wahl traf, weil ihm keine andere Wahl blieb.

Für diese Vermutung spricht ein diplomatisches Scharmützel
vom 29. Oktober. An diesem Tag suchte Anatoli Dobrynin noch
einmal Robert Kennedy auf und übergab eine private Botschaft
an den Präsidenten. Chruschtschow bat um schriftliche Bestätigung des am Abend des 27. Oktober gegebenen Versprechens.
Wohlgemerkt: Es ging nicht um eine öffentliche Bekanntgabe
des Raketenhandels, nur um die diplomatische Beglaubigung
einer Absichtserklärung. Robert Kennedy wies das Ersuchen
entschieden zurück und gab Dobrynin eine harsch formulierte
Warnung mit auf den Weg: Sollte die Presse von der Sache erfahren, würden die USA ihre informelle Zusage rückgängig machen, Moskau müsste für eine erhebliche Verschlechterung der
beiderseitigen Beziehungen geradestehen. Im Übrigen verweigerte Robert Kennedy die Annahme der sowjetischen Note,
aber keineswegs nur aus Rücksicht auf seinen Bruder: «Falls ein

derartiges Dokument irgendwann einmal auftauchen sollte», gab er Dobrynin zu verstehen, «könnte es meiner politischen Karriere irreparablen Schaden zufügen. Wir fordern Sie folglich zur Rücknahme dieses Briefes auf.» Monate später, Anfang April 1963, wies er ein weiteres Memorandum für den Präsidenten zurück – hatte Chruschtschow doch erneut, wenn auch nur am Rande, auf das informelle Jupiter-Versprechen Bezug genommen. Noch nicht einmal in streng geheimen Dokumenten sollte der vermeintliche Raketenhandel eine Spur hinterlassen.

Deshalb frisierte Robert Kennedy auch eigene Schriftstücke. Im ersten Entwurf eines an Dean Rusk adressierten Protokolls hatte er das Treffen mit Dobrynin noch in allen Einzelheiten geschildert, in der Endfassung hingegen fehlte der Passus zum möglichen Abbau der Jupiter-Raketen – eigenhändig gestrichen von Robert Kennedy, wie ein Vergleich der Akten des Außenministeriums mit dem privaten Nachlass des Justizministers ergibt. Auf Rusks Diskretion konnte er sich verlassen; und dass inkriminierende Zeugnisse dieser Art nur zur persönlichen Verwendung aufbewahrt, im Zweifel auf seine Veranlassung auch vernichtet würden, war für Robert Kennedy selbstverständlich.

Selbst den Anschein eines Kompromisses mit Chruschtschow zurückzuweisen, war für die Brüder Kennedy eine Frage des politischen Überlebens. Gewiss, die Tonbandprotokolle lassen deutlich erkennen, dass der Präsident eine weitere Eskalation nach Kräften vermeiden und Zeit schinden wollte. Doch alle Offerten an Chruschtschow wurden nur unter einer Bedingung gemacht – sie mussten unverbindlich sein und unter allen Umständen geheim bleiben. Ein öffentliches Nachgeben hätte die wichtigste politische Währung der Zeit entwertet – den Glauben an die Politik der Stärke, die Überzeugung, dass nur Unnachgiebigkeit im Umgang mit Diktatoren zum Erfolg führt. Von dieser Inszenierung lebte Kennedy, dieses Image hatte er über die Maßen aufgebläht, mit seinem Namen, seiner Zukunft verbunden. Nicht dass ihn seine Berater massiv unter Druck setzten, war Kennedys Problem; sein Problem bestand darin, dass er sich über die Jahre selbst extrem unter Druck gesetzt, wenn nicht eigenhändig gefesselt hatte. Dementsprechend reserviert beurteilten Theodore Sorensen, McGeorge Bundy oder Dean Rusk die Geheimkontakte zu Andrew Cordier, nämlich als Spiel mit einer unwahrscheinlichen Idee. Wie auch immer: Es war Nikita Chruschtschow, der aus Angst vor einer unkontrollierbaren Eigendynamik Kennedy jede weitere Entscheidung abnahm. Und ihm die Gelegenheit bot, in Hintergrundgesprächen mit Journalisten den Ton für die gewünschte Lesart der Kuba-Krise vorzugeben: «Ich habe ihm [Chruschtschow] die Eier abgeschnitten.»

Schockwellen

«Wie nah und leuchtend wäre uns doch die Zukunft, falls zwei, drei, viele Vietnams auf dem Angesicht der Erde erblühten, mit ihrem täglichen Soll von Tod und immensen Tragödien, mit ihrem täglichen Heldentum, mit ihren immerwährenden Schlägen gegen den Imperialismus, ihn dazu verdammend, unter den Peitschenhieben eines wachsenden Hasses der Völker der Welt zu verschwinden!»

(Ernesto «Che» Guevara)

«Hurensohn! Bastard! Arschloch! Keine Eier! Schwuler!» Fidel Castro ist wieder einmal ganz bei sich selbst, als er vom Einlenken Nikita Chruschtschows erfährt. Er tritt gegen die Wand, zerschmettert einen Spiegel, vergleicht Kuba mit der Tschechoslowakei am Vorabend des Zweiten Weltkrieges, von seinen Verbündeten alleingelassen und einem totalitären Henker zum Fraß vorgeworfen. Kurz darauf skandiert er mit der Menge auf dem Campus der Universität Havanna: «Nikita, mariquita, lo que se da no se quita!» «Nikita, du kleiner Schwuler, versprochen ist versprochen und wird auch nicht gebrochen!» Bis zu diesem Zeitpunkt hatte sich Castro wie der Chef einer fünften Atommacht gefühlt; auch wenn die Raketen nicht in kubanischem Besitz waren, Kubas Macht und Prestige nährten sie allemal. Jetzt aber, von einem Tag auf den anderen, steht Castro wie der Verwalter einer Bananenrepublik da, von den Sowjets auf dem Schachbrett der Weltpolitik geopfert. Statist zu sein, als Marionette wahrgenommen zu werden – größer hätte die Demütigung für Fidel Castro nicht sein können. Für Außenstehende mutet sein Verhalten wie das Erwachen aus einem politischen Größenwahn an.

Die «endgültige» Beilegung der Kuba-Krise

«Man hätte die Yankees dazu zwingen müssen, mit uns zu verhandeln, man hätte sie in die unangenehmste Situation bringen müssen, in der sie je waren, denn dann hätten sie langwierige Auseinandersetzungen mit uns führen müssen, die Lage hätte sich ein wenig entspannt und die Ergebnisse wären anders ausgefallen; zumindest wären sie ehrenvoll gewesen.» In diesem Sinne führte Castro einen bizarren Briefwechsel mit Nikita Chruschtschow, faselte von der Bereitschaft des kubanischen Volkes, angesichts größter Gefahr den Märtyrertod im Dienst der sozialistischen Sache zu sterben – und erhielt die nüchterne Antwort, dass Kuba den Preis eines Atomkrieges nicht wert war. «Wir kämpfen nicht gegen den Imperialismus um zu sterben.» Um die Wogen einigermaßen zu glätten, reiste Anastas Mikojan nach Kuba; er blieb für knapp drei Wochen, flog noch nicht einmal zur Beerdigung seiner plötzlich verstorbenen Frau nach Hause – aus Angst vor Castros unberechenbarer Wut. Von gelegentlichen Aufhellungen abgesehen, blieb die Stimmung angespannt, wenn nicht vergiftet. Man verdächtigte sich gegenseitig, tauschte Beleidigungen aus, drohte beiderseits mehr oder weniger offen mit dem Abbruch der Beziehungen. Mit Verweis auf dringend zu inspizierende landwirtschaftliche Projekte blieb Castro den Gesprächen eine Woche fern, die sowjetische Delegation «vergaß» bei einem Abendbankett den Toast auf Castro, durfte sich dafür einen Trinkspruch der Gastgeber auf Stalin anhören. Die unmissverständliche Botschaft: Nicht nachzugeben, war für Fidel Castro die Essenz seines politischen Überlebens.

Dementsprechend fiel Castros «Fünf-Punkte-Programm» zur Lösung der Krise aus. Man erwartete von den USA, dass sie neben der Aufhebung des Wirtschaftsembargos auch auf alle anderen Mittel wirtschaftlicher Kriegsführung verzichteten; dass sie ihre subversiven Aktivitäten auf Kuba einstellten; dass sie andere Staaten oder Organisationen von Angriffen auf die Insel abhielten; dass sie künftig die kubanischen Hoheitsrechte in der Luft und zur See respektierten; dass sie den Stützpunkt Guantanamo auflösten und das Gelände an Kuba zurückgaben. Und vor allem wies man eine von John F. Kennedy vorgetragene und von Nikita Chruschtschow gebilligte Forderung weit von sich: Kuba erlaubte unter keinen Umständen und zu keiner Zeit eine Überprüfung des Raketenabbaus auf eigenem Territorium. Noch nicht einmal eine Inspektion sowjetischer Schiffe in kubanischen Häfen, durchzuführen von Kontrolleuren der Vereinten Nationen, wollte Castro zulassen. Sollte diese Weigerung den Frieden gefährden, so Castros vollmundige Ankündigung, würde Kuba sein Recht und seine Würde mit eigenen Mitteln verteidigen. «Wer immer versuchen will, Kuba zu inspizieren, muss schon in Schlachtformation aufmarschieren.»

Wie üblich beließ es Castro nicht bei markigen Worten. UNO-Generalsekretär U Thant, zu Gesprächen über Mittel und Möglichkeiten einer Verifikation des sowjetischen Rückzugs angereist, trat nach wenigen Stunden entnervt die Heimreise nach New York an; Anastas Mikojan kam weder mit gutem Zureden noch mit Drohungen weiter. Am 15. November hob Castro die bis zu diesem Zeitpunkt gewahrte Feuerpause auf und erklärte einer perplexen Welt, dass die USA fortan mit dem Abschuss ihrer Aufklärungsflugzeuge rechnen mussten. Zeitgenössische Beobachter sahen sich in den schlimmsten Befürchtungen bestätigt: Der «Máximo Líder» sehnte einen militärischen Schlagabtausch mit den «Yankees» geradezu herbei.

Wieder lag der Schwarze Peter in Moskau. Nicht genug damit, dass Nikita Chruschtschow einen akzeptablen Weg aus dem Verifikationsschlamassel finden musste; John F. Kennedy hatte obendrein die Preise erhöht und am 2. November 1962 auch den Verzicht auf die IL-28-Bomber verlangt – ein Kotau vor den Vereinten Stabschefs, die seit dem 28. Oktober mehrheitlich und lauthals über den vermeintlichen Ausverkauf amerikanischer Interessen, «die größte Niederlage in unserer Geschichte», klagten. Vom militärischen Standpunkt aus gesehen sprach nichts gegen Kennedys Forderung; in der Sowjetunion war die Ausmusterung der veralteten IL-28 längst im Gange. Es handelte sich um ein politisches Problem, hatte Anastas Mikojan doch wiederholt den Verbleib dieser Maschinen auf Kuba zugesichert. Unbeirrt von Castros Wutausbrüchen und Verwünschungen machte Chruschtschow Mitte November reinen Tisch und sicherte den Rückruf der IL-28 binnen eines Monats zu. Hinter dem Rücken der ahnungslosen Amerikaner wurden in den folgenden Wochen auch die atomaren Gefechtsfeldwaffen abtransportiert; einzig eine Kampfbrigade von 3000 Mann, gedacht als «Stolperdraht» zur Abschreckung von Invasoren, blieb auf der Insel – erst 1979 von der CIA entdeckt, sorgte sie zur Amtszeit von Jimmy Carter für die mediale Dramatisierung einer «neuen Kuba-Krise». Einmal mehr war Nikita Chruschtschow über seinen eigenen Schatten gesprungen.

Den letzten Schritt ging John F. Kennedy. Er akzeptierte Chruschtschows mündliche Zusage hinsichtlich der IL-28 und erklärte sich mit einer Inspektion sowjetischer Schiffe auf hoher See einverstanden: Die Raketen mussten auf Deck sichtbar sein, bis amerikanische Luftaufklärer ihre visuelle Dokumentation abgeschlossen hatten. Am 20. November 1962, gut vier Wochen nach seinem dramatischen Fernsehauftritt, hob der Präsident die Seeblockade Kubas auf. Aus amerikanischer und sowjetischer Sicht war die gefährlichste Krise des Kalten Krieges beendet.

Für Fidel Castro und seine Genossen indes wurde ein neues Kapitel in der unendlichen Kuba-Krise aufgeschlagen. John F. Kennedy weigerte sich nämlich, die vereinbarte Gewaltverzichtserklärung in schriftlicher Form abzugeben – unter Verweis auf Kubas Haltung zur Raketeninspektion, aber auch mit dem Argument, dass Castro weiterhin dem bewaffneten Aufstand in Lateinamerika das Wort redete und ausländische Guerillas alimentierte. In anderen Worten: John F. Kennedy hielt unverändert am Ziel eines Regimewechsels auf Kuba fest. Ende Dezember 1962 unterstrich er dieses Ansinnen mit großer Geste. Über

tausend exilkubanische Milizionäre, seit dem Debakel in der
Schweinebucht auf der Insel interniert und jüngst gegen die
Lieferung von Arzneimitteln und Kindernahrung im Wert von
53 Millionen US-Dollar freigekauft, hatten den Präsidenten zur
Feier ihrer Rückkehr ins Football-Stadion von Miami geladen.
Nachdem ihm die Fahne der gescheiterten «Brigade 2506» in
feierlicher Zeremonie überreicht worden war, bedankte sich
Kennedy in freier Rede und mit einem Schlusssatz, der auch für
Außenstehende wie ein Gelübde aus tiefstem Herzen klang: «Ich
kann Ihnen versichern, dass diese Fahne dieser Brigade in einem
freien Havanna zurückgegeben werden wird.» Es schien, als
wäre die Geschichte nach einer vollen Kreisdrehung wieder an
ihrem ursprünglichen Ort angekommen – im Januar 1961, als
John F. Kennedy die Planungen zum Sturz Fidel Castros zu for-
cieren begann.

Kubanische Vorwärtsverteidigung

Trotz alledem stand Fidel Castro besser denn je da. Ausgerechnet die turbulenten Gespräche mit Anastas Mikojan hatten seine
verborgene Stärke offenbart. Zweifellos waren und blieben die
Sowjets der dominante Partner in einer ungleichen Beziehung;
dementsprechend robust trat Mikojan auf, wie ein Patriarch,
der Schutzbefohlenen die ersten Schritte auf schwierigem Par-
kett beibringt, Ungelenkes tadelt und Aufmüpfiges bestraft. Andererseits konnten noch so viele harsche Worte die Unsicherheit
Moskaus nicht übertönen. Im Grunde genommen war der
Kreml erpressbar. Und Fidel Castro machte sich diese Verletzlichkeit immer wieder und mit dem stets gleichen Mittel zunutze
– indem er die «China-Karte» spielte und sowjetische Ängste
vor dem Konkurrenten in Fernost ausbeutete. Kaum hatte sich
Chruschtschow über Castros Kopf hinweg mit den Amerikanern verständigt, als kubanische Medien Stellungnahmen aus
der VR China publizierten, voll des Lobes über das Heldentum
und den revolutionären Kampfgeist der Kubaner; während sowjetische Ingenieure die Raketenbasen demontierten, spendeten
chinesische Diplomaten in Havanna Blut – und Castro ließ die

ganze Welt an der Nachricht teilhaben; derweil machte «Che» Guevara seinen Gesprächspartner Mikojan auf den Prestigeverlust der moskautreuen Kommunisten in Lateinamerika aufmerksam, wie es schien mit einem Unterton diebischer Freude; Carlos Rafael Rodriguez schließlich, ein Minister aus Castros innerem Kreis, mokierte sich gegenüber einem polnischen Diplomaten über die angeblich im Ansatz falsche Politik friedlicher Koexistenz; sein Plädoyer für den bewaffneten Kampf, erst Recht aber die Klage über Moskaus Aufkündigung anti-imperialistischer Solidarität hätte auch der Pekinger Parteipresse gut zu Gesicht gestanden. Chruschtschow durchschaute die Sticheleien von Anfang an. Dass er seine Wut und Empörung vor der Außenwelt verborgen hielt, sagte alles über Kuba. Ein Verbündeter, der im ideologischen Treibhausklima des Kalten Krieges überzulaufen drohte und dem man umgekehrt nicht mit der Roten Armee drohen konnte, hatte ungewöhnliche Freiheiten. Auch darauf zielt die Rede vom Schwanz, der mit dem Hund wedelt.

In der Folge stilisierte Fidel Castro sein Land zum Zentrum der Weltrevolution und zur führenden Kraft der internationalen kommunistischen Bewegung. Wahlweise wird diese Politik als «kubanische Art der Abschreckung» oder «Strategie der Schwachen» bezeichnet, als Versuch, Kubas Sicherheit mit eigenen Mitteln und unabhängig vom Votum Moskaus zu gewährleisten. In freier Übersetzung war Folgendes gemeint: Der Imperialismus wird nur dann von Kuba lassen, wenn es mehr Brandherde auf der Welt als Feuerwehren gibt, wenn der Starke überbeschäftigt ist, sich verzettelt und seine Kräfte überdehnt. In diesem Sinne wurde Kubas Freiheit auf drei Kontinenten verteidigt, in Lateinamerika ohnehin, aber in Asien und Afrika nicht minder, aus diesem Grund war die Unterstützung von Guerillas in möglichst vielen Ländern eine Frage des eigenen Überlebens, deshalb musste man die Revolution exportieren – oder «zwei, drei, viele Vietnams» schaffen. Ob Castro und «Che» Guevara unabhängig von der Kuba-Krise auf diese Politik des «Trikontinentalismus» verfallen wären, sei dahingestellt. In jedem Fall spielten die Erfahrungen des Herbstes 1962 eine wichtige Rolle, der Eindruck, sich in Zeiten der Krise und eines drohenden Krieges auf die UdSSR nicht verlassen zu können.

Moskaus Reaktion war ebenso erwartbar wie folgenlos. Geduld, Zurückhaltung, Augenmaß – seit Anastas Mikojans Besuch in Havanna verschließen sowjetische Führer ihr Vokabular bis zur Bedeutungslosigkeit; Castro stellte sich schlicht taub. Im Oktober 1963 schickte er 800 Soldaten und 70 Panzer nach Algerien, brüderliche Hilfe für die Regierung Ben Bella in ihrem Streit mit Marokko um Gebiete in der Ostsahara; wenig später lieferte Kuba Waffen an Aufständische in Venezuela; mit Blick auf Vietnam reichte es 1966 nur zu starken Worten, die zeitgleichen Expeditionen «Che» Guevaras in den Kongo und nach Bolivien waren operettenhafte Inszenierungen mit tragischem Ausgang. Doch weder mangelnde Ressourcen noch Rückschläge konnten Castro von seinem Kurs abbringen, wie er seit 1975 mit der Entsendung zehntausender Soldaten nach Angola, Äthiopien, Guinea, Guinea-Bissau, Mosambik und Benin bewies – eine beispiellose Politik, hat doch kein Land der Dritten Welt seine Militärmacht jemals auf anderen Kontinenten eingesetzt. 1967 erhöhte der Kreml deshalb kurzfristig den Druck, drosselte die Öllieferungen und gab zu verstehen, dass Kuba im Fall einer amerikanischen Invasion nicht auf Hilfe rechnen durfte. Castros Antwort? Er warf Moskaus Mann in Havanna, Anibal Escalante, samt seiner «Mikrofraktion» aus der Partei – wegen prosowjetischer Intrigen. Bereits zu dieser Zeit hatte die Sowjetunion pro Kopf der Bevölkerung auf Kuba mehr investiert als irgendwo sonst außerhalb ihrer Grenzen; 1969 wurde der Handel nochmals aufgestockt, seit 1973 war Kuba Mitglied im sozialistischen Wirtschaftsverbund «COMECON». Die sowjetische Angst vor dem «China-Virus» hatte Fidel Castro, den unwahrscheinlichsten aller Regierungschefs, auf Jahrzehnte immunisiert.

So gesehen war Fidel Castro der eigentliche Sieger der Kuba-Krise. Auch lag es nahe, dass er nach dem Zusammenbruch der UdSSR die «traurigen und erhellenden Tage» des Jahres 1962 zu einem zweiten Gründungsmythos verklärte, fast auf einer Stufe mit der heroischen Landung seiner Guerillatruppe auf

Kuba im November 1956. In der «Speziellen Periode», wie man die rubellose Malaise seit 1990 regierungsamtlich nennt, waren nämlich jene Tugenden gefragt, die Castro zufolge 30 Jahre zuvor schon einmal den Triumph beschert hatten: Mut, Unbeugsamkeit, Prinzipientreue. Ein Volk, das einst den Amerikanern die Stirn geboten und angesichts atomarer Übermacht «nicht das geringste Anzeichen von Wankelmütigkeit gezeigt hatte», wird auch mit den Widrigkeiten der neuen Zeit fertig werden, dessen war sich der «Máximo Líder» sicher. Und deshalb öffnete er 1990 erstmals die Archive, stellte Dokumente zur Verfügung, die zur offiziellen Lesart kollektiver Opferbereitschaft passten. Der nahe Atomkrieg als Quelle politischer Inspiration und als Ausweis politischer Unabhängigkeit – auch wenn dergleichen Sprüche längst nicht mehr so verfingen wie in den frühen Tagen der Revolution, ihren Anteil an Castros Herrschaftssicherung hatten und haben sie zweifelsohne.

Sowjetischer Nachholbedarf

Nikita Chruschtschow hingegen musste sich mit einem indirekten Erfolg zufriedengeben. Seit Jahren hatte er, der wirtschaftlichen Not seines Landes gehorchend, aber auch unter dem nachhaltigen Eindruck des Zweiten Weltkrieges, zur Zähmung des atomaren Rüstungswettlaufs und zur internationalen Abrüstung gemahnt. Dass im Sommer 1963 ein bescheidener Erfolg erzielt wurde, brachten zeitgenössische Beobachter unmittelbar mit der Kuba-Krise in Zusammenhang: Die atomaren Supermächte einigten sich auf ein Verbot von Atomwaffentests in der Atmosphäre, unter Wasser und im All. Ob der Vertrag Konkurrenten wie China tatsächlich vom Bau atomarer Waffen abhalten würde, war ebenso fraglich wie die Hoffnung auf ein Innehalten in den USA und der UdSSR – schon damals galt das unterirdische Testen als gleichermaßen effektive Methode zur Entwicklung neuer Waffensysteme. Aber John F. Kennedy hatte Anfang Juni 1963 seine Unterschrift mit einer überraschenden Rede an der American University in Washington, D. C. vorbereitet. Zum ersten Mal während des Kalten Krieges bezeichnete ein amerikanischer Präsident die UdSSR als gleichberechtigte Supermacht, würdigte ihren Beitrag zum Sieg im Zweiten Weltkrieg und unterstrich die beiderseitige Verantwortung für die Zukunft: «Auch wenn wir heute unsere Meinungsverschiedenheiten noch nicht beilegen können, so können wir doch zumindest dabei helfen, dass die Welt in all ihrer Verschiedenheit sicher leben kann.» Mit gutem Grund sprach Chruschtschow von der besten Rede eines Präsidenten seit Franklin D. Roosevelt.

Kaum ein halbes Jahr später hatte das Stigma der Kuba-Krise den Kreml-Chef schon wieder eingeholt. Während des Parteitages im November hatte Chruschtschow das leidige Thema noch umgehen können, vor dem Obersten Sowjet musste er am 12. Dezember 1963 aber Farbe bekennen. Er tat es auf seine Weise, leidenschaftlich, barock und endlos lang. Mochte die Rede vom «Triumph der Vernunft» noch so viel für sich haben, sie erreichte seine Kritiker nicht mehr; angeblich verließen während der Ansprache knapp 40 hochrangige Militärs zum Ausdruck ihres Missfallens den Saal. Den Rest seines politischen Kapitals verzockte Chruschtschow mit ebenso bizarren wie peinlichen Auftritten in der Öffentlichkeit, die vielfach Erinnerungen an Stalin und dessen Vorliebe wachriefen, seine Genossen vor aller Augen lächerlich zu machen. Was sich während des Plenums des Zentralkomitees der KPdSU im Juli 1964 abspielte, muss so blamabel gewesen sein, dass anschließend noch nicht einmal Protokolle verteilt wurden. Wie auch immer: Chruschtschow machte den Eindruck eines erschöpften, amtsmüden Politikers, eines Mannes, der die Schmach der Kuba-Krise nicht überwunden hatte oder wusste, dass man sie ihm nicht nachsehen würde.

Am 14. Oktober 1964 wurde Nikita Chruschtschow gestürzt. Offenbar gaben innenpolitische Gründe den Ausschlag für die über Monate von Leonid Breschnew und Nikolai Podgorny gesponnene Intrige: die desaströse Lage der Landwirtschaft in Sibirien, der Ukraine, Kasachstan und im Transkaukasus, die Blamage, Korn im Westen kaufen zu müssen, das laute Nachdenken Chruschtschows über eine Verjüngung des Politbüros nebst seinen unpopulären Vorstellungen zur Reform der KPdSU. Aber auch die Kuba-Krise stand in der Abrechnung mit seiner Politik an prominenter Stelle. Von einer «abenteuerlichen Politik» war die Rede, von einem demütigenden Diktat der USA und vom langfristigen Schaden, den Chruschtschow mit seinem unbeherrschten Auftreten auf der internationalen Bühne angeblich angerichtet hatte. Man musste in diesem Fall nicht im Kaffeesatz lesen, um die Absicht zu erkennen: Die neue Führung machte Nachholbedarf geltend, bediente sich eines Vokabulars, das den Wunsch nach Revanche erkennen ließ.

«Nun, Herr McCloy, dieses Mal sind Sie damit durchgekommen, aber Sie werden niemals wieder damit durchkommen.» Die berühmten Worte des stellvertretenden Außenministers Wassilij Kusnezow – an John McCloy während der New Yorker Gespräche über eine Verifikation des Raketenabbaus adressiert – wurden tatsächlich zur Leitlinie der neuen sowjetischen Außen- und Sicherheitspolitik. Niemals wieder sollte die Sowjetunion aus einer Position strategischer Unterlegenheit verhandeln, niemals wieder zum Opfer atomarer Erpressung seitens der USA werden. Mit Breschnews Ernennung zum Generalsekretär der KPdSU gehörten Chruschtschows Vorstellungen einer konventionellen und nuklearen Abrüstung und einer ausgewogenen Investitionspolitik endgültig der Vergangenheit an. Nicht nur wurde ein aufwändiges Crash-Programm zur Schließung der chronischen Raketenlücke aufgelegt; man konnte am Ende sogar mit den USA mithalten, die ihrerseits nachgelegt und im Laufe der 1960er Jahre die Zahl ihrer land- und seegestützten Interkontinentalraketen verdreifacht hatten. Mit Beginn des neuen Jahrzehnts herrschte tatsächlich strategische Parität zwischen den Supermächten. Im Lichte der späteren Entwicklung war es bekanntlich ein Pyrrhussieg für die Sowjetunion, erkauft mit der volkswirtschaftlichen Fixierung auf die Schwer- und sonstige Rüstungsindustrie und einer ökonomischen Schieflage, die unweigerlich zum Bankrott, schließlich zum politischen Zusammenbruch des sozialistischen Systems insgesamt führte. Von einer selbst verschuldeten Spätfolge der Kuba-Krise zu sprechen, scheint vertretbar. In jedem Fall zahlte die UdSSR den höchsten Preis für den Entschluss, sich nie wieder Spott und Häme des Klassenfeindes ausgesetzt zu sehen.

Amerikanischer Triumphalismus

Auf den ersten Blick hatte die Administration Kennedy alles gewonnen. Man war aufs Ganze gegangen, hatte eine Provokation Nikita Chruschtschows zum Anlass genommen, um die Sowjets in einem großen «Showdown» auf ihren Platz zu verweisen – und genoss die Rolle des Triumphators, der praktisch nichts opfern oder versprechen musste, um seinen Willen durchzusetzen. Dass die Jupiter-Raketen im April 1963 tatsächlich aus der Türkei abgezogen wurden, änderte nichts an diesem Eindruck; der Rückzug ging geräuschlos und von der internationalen Öffentlichkeit fast unbemerkt über die Bühne. Keine Regierung vorher oder nachher führte den psychologischen Krieg um Image und Moral auch nur annähernd so erfolgreich wie die «Besten und Klügsten», keiner Regierung wurden von prominenten Zeitgenossen derart üppige Lorbeerkränze geflochten. Für Hans Morgenthau, den Nestor der amerikanischen Politikwissenschaft, war die Politik des «ExComm» «das Destillat einer kollektiven intellektuellen Anstrengung auf hohem Niveau, das in der Geschichte seinesgleichen suchen muss.» Und der Historiker Arthur Schlesinger Jr., als Vertrauter Kennedys hautnah am Geschehen, vergab sein «summa cum laude» für die «Kombination von Härte und Zurückhaltung, Willenskraft, Nervenstärke und Weisheit, brillant kontrolliert und geeicht.» Ein Mythos war geboren, «larger than life», wie die Amerikaner sagen, wetterfest für alle Zeiten.

Intern ging es weitaus prosaischer zu. «Ich glaube nicht, dass wir die Kuba-Geschichte auf sich beruhen lassen können», meinte der Präsident in einem Telefonat mit seinem Amtsvorgänger Dwight D. Eisenhower. «Wenn sie weiterhin subversive Politik betreiben, wenn sie auch nur versuchen, irgendwelche aggressiven Aktionen durchzuführen und so weiter, dann ist wieder alles möglich.» Gegenüber den Vereinten Stabschefs wählte er noch deutlichere Worte: «Wir müssen davon ausgehen, dass wir eines Tages wahrscheinlich auf Kuba landen müssen.» In ungezählten Memoranden beteten enge Berater und Bürokraten aus dem zweiten Glied das bekannte Lamento herunter: die politischen und militärischen Beziehungen Kubas mit dem «sino-sowjetischen Block» waren nicht hinnehmbar; selbst einem blockfreien Kuba durfte man nicht über den Weg trauen; wer jetzt das «Fenster der Gelegenheit» nicht nutzte, verspielte eine einmalige historische Chance. Weder am Inhalt noch im Ton hatte sich irgendetwas verändert; nur ein Unterschied fiel auf: Verglichen mit der Zeit vor der großen Krise gab es noch weniger Zweifler und Skeptiker.

«Integrated Covert Action-Program» hieß der Maßnahmenkatalog, den John F. Kennedy im Juni 1963 billigte; die neuen «integrierten verdeckten Operationen» waren aber wenig mehr als eine Fortsetzung der «Operation Mongoose» unter anderem Namen. Wie gehabt ging es um wirtschaftliche und politische Destabilisierung, wie ehedem sollten Sabotageakte für Unruhe sorgen und Unzufriedene zum Widerstand gegen das Regime motivieren; wie üblich hing man der Vorstellung nach, einen Keil zwischen die politische und militärische Führung Kubas treiben zu können. Allein in der operativen Umsetzung wollte man andere Wege gehen. Waren die Terrorzellen in der Vergangenheit von der CIA angeleitet und kontrolliert worden, so setzte man fortan auf «autonome Widerstandsgruppen». Sie wurden zwar weiterhin aus den USA finanziert, durften aber in eigener Regie operieren; 22 Millionen Dollar flossen 1963 zu ihrer Unterstützung, 110 Tonnen Waffen lieferte das Pentagon zum Jahresende in Depots auf Costa Rica, zehn «schwarze Operationen» wurden im Schnitt pro Monat durchgeführt – alles mit Wissen des Präsidenten und Robert Kennedys, der persönlichen Kontakt zu den Führern der Kommandounternehmen hielt. Vom Erfolg dieser Maßnahmen schienen selbst eingefleischte Kalte Krieger nicht überzeugt; auch deshalb wurden die bekannten Alternativpläne beibehalten: Mord und Invasion. Erwiesen ist, dass am 22. November 1963 – als die tödlichen Schüsse auf John F. Kennedy in Dallas abgegeben wurden – zwei CIA-Agenten einem Auftragskiller letzte Instruktionen zur Ermordung Fidel Castros gaben. Und spekuliert wird, dass für 1965 eine neuerliche Invasion von Exilkubanern auf ihrer Heimatinsel geplant war; dem Castro-Biografen Tad Szulc zufolge blockierte die zeitgleiche Intervention amerikanischer Truppen in der Dominikanischen Republik das Vorhaben.

Vor diesem Hintergrund sollten die seit Frühjahr 1963 virulenten Überlegungen zu einem «modus vivendi» zwischen den Vereinigten Staaten und Kuba gesehen werden. Fidel Castro war offenbar aus wirtschaftlichen Gründen an einer Verbesserung der beiderseitigen Beziehungen, vornehmlich einer baldigen Aufhebung des Handelsembargos, gelegen. Soviel lässt sich den Signalen entnehmen, die aus unterschiedlichen Quellen – von Geschäftsleuten, Diplomaten und Journalisten – an die amerikanische UNO-Vertretung oder direkt nach Washington lanciert wurden. Hatte er im Mai 1963 einer Journalistin von *ABC* bereits ein im Ton ungewöhnlich versöhnliches Interview gegeben, so unterstrich Castro im Oktober 1963 über diplomatische Kanäle seine Bereitschaft, einen Vertreter der USA zu geheimen Gesprächen in Havanna zu empfangen. John F. Kennedy war im Prinzip nicht abgeneigt, hielt aber wie die Mehrheit seiner Berater an unerfüllbaren Voraussetzungen fest: an eine Öffnung des Handels war nur zu denken, wenn Kuba jegliche Unterstützung lateinamerikanischer Guerillas einstellte; politische Normalität setzte voraus, dass Castro sein Bündnis mit sozialistischen Staaten aufkündigte und Kuba auf einen «titoistischen Kurs» brachte. In diesem Sinne durften amerikanische Diplomaten Sondierungsgespräche mit ihren kubanischen Kollegen führen, im Geheimen und in einer Weise, dass die US-Regierung ihre Beteiligung jederzeit glaubhaft dementieren konnte.

Zu dieser Zeit war Kuba längst zu einem randständigen Thema geworden, verdrängt von einem Land auf der anderen Hälfte des Erdballs: Vietnam. Und doch blieb Kuba stets präsent. Mehr noch: Die Erfahrungen der Kuba-Krise lagen von Anfang bis Ende wie ein Fluch über der amerikanischen Vietnampolitik; der Triumph vom Oktober 1962 hatte die weltanschaulichen Grundlehren der «Besten und Klügsten» scheinbar in mehrfacher Hinsicht bestätigt und folglich unangreifbar gemacht. Erstes Dogma: Der Wettstreit der Systeme wird in der Dritten Welt entschieden, wer die Sowjetunion und ihre Verbündeten dort rechtzeitig außer Gefecht setzt, hat die Zukunft gewonnen. Zweites Dogma: Alle Politik, jede Diplomatie gründet in militärischer Überlegenheit und in der unmissverständlichen, glaubwürdigen Bereitschaft, von dieser Stärke auch Gebrauch zu machen. Drittes Dogma: Die Grammatik der Macht ist um neue Leitbegriffe zu erweitern – «graduelle Eskalation», «dosierte Gewalt», «kontrolliertes Risiko», «abgestufte Drohung», «squeeze-and-talk», kurz: «Krisenmanagement». Auf dem Höhepunkt ihrer Macht verstieg sich eine ganze Generation politischer und militärischer Eliten in Allmachtsphantasien und Hybris, überzeugt, dass sie den Königsweg zur Behauptung amerikanischer Dominanz gefunden hatte, geblendet von der Idee, während der Kuba-Krise die härteste aller Feuertaufen bestanden zu haben.

Gerade deshalb nahm das Desaster in Vietnam seinen bekannten Lauf. Der Krieg wurde von Männern auf den Weg gebracht, die einen Kult um Tugenden wie Entschlossenheit, Unnachgiebigkeit und Härte betrieben, die bei jeder sich bietenden Gelegenheit über «Weichlinge» und «Beschwichtigungspolitiker» vom Schlage Adlai Stevensons oder anderer «Abweichler» aus den Tagen der Kuba-Krise herfielen – mit dem Ergebnis, dass politische Entscheidungen unter Ausschluss von Alternativen getroffen wurden. Von einer dramatischen Verengung des intellektuellen wie politischen Horizonts handelt dieser Teil der Geschichte, von der Weigerung, lästige Fragen nach Prämissen und Prognosen erst gar nicht zuzulassen. Es schmälert die persönliche Verantwortung der Präsidenten Lyndon B. Johnson und Richard Nixon nicht im Mindesten, wenn man ihren Vorgänger Kennedy für ein extrem belastendes Erbe verantwortlich macht. Wieso sollten sie – so die hintergründige Frage auf dem Höhepunkt des Krieges in Indochina – Kompromisse mit einem «viertklassigen Land wie Vietnam» schließen, wo ihnen «JFK» doch gerade die Domestizierung eines erstklassigen Gegners vor Augen geführt hatte? Wie dem auch sei: Intelligent, klug und versiert waren die «Besten und Klügsten» immer; weise nie.

Höhepunkt, aber kein Wendepunkt

Kubanische Soldaten in Afrika, die massivste Aufrüstung in der Geschichte der Sowjetunion, Amerikas Krieg in Vietnam oder der längste heiße Krieg im Kalten Krieg – so unterschiedlich diese historischen Wegmarken zweifellos sind, sie hängen allesamt und unmittelbar mit der Kuba-Krise zusammen. Damit soll nicht gesagt sein, dass die Geschichte ohne den Oktober 1962 gänzlich anders verlaufen wäre; wohl aber, dass der Streit um die sowjetischen Mittelstreckenraketen wie ein Brandbeschleuniger auf schwelende Konflikte wirkte. Gab es in den späten 1950er Jahren Anzeichen für ein «Tauwetter» zwischen den Machtblöcken in Ost und West, so verhakten sich die Kontrahenten in der folgenden Dekade wieder in ihren versteinerten Denk- und Umgangsformen. Einen Wendepunkt in der Geschichte des Kalten Krieges markiert die Kuba-Krise demnach auf keinen Fall.

Aber der Gipfelpunkt des Kalten Krieges war im Oktober 1962 zweifellos erreicht. Vor allem hinterließen die Erfahrungen dieser Tage und Wochen einen ernüchternden Schock, allen markigen Worten und künftigen Abenteuern zum Trotz eine Lehre von bemerkenswerter Nachhaltigkeit. Der im Sommer 1963 eingerichtete «heiße Draht», eine telefonische Direktverbindung vom Weißen Haus zum Kreml, war die vergleichsweise geringfügigste Konsequenz. Gewichtiger war die forcierte Entwicklung technischer Vorkehrungen gegen einen unautorisierten Einsatz von Atomwaffen, in West wie Ost bekannt unter dem Namen «permissive action links». Die Sowjetunion hielt fortan gar ein bis dato ungeschriebenes Gesetz explizit in ihren vertraglichen Abmachungen mit osteuropäischen Verbündeten fest: Auch außerhalb der sowjetischen Grenzen lag die Kontrolle über Atomwaffen jedweder Art ausschließlich bei der Roten Armee; im Unterschied zur NATO räumte man den Alliierten noch nicht einmal ein symbolisches Mitspracherecht auf der nuklearen Kommandoebene ein – es gab nur einen Schlüssel und zwar in Moskau. Vor allem aber gingen die Supermächte nie wieder direkt aufeinander los. Ob anlässlich der sowjetischen Invasion in der ČSSR oder Afghanistan, ob im Verlauf diverser Krisen und Kriege in Nahost, ob nach der Stationierung von Mittelstreckenraketen in Ost- und Westeuropa in den frühen 1980er Jahren: Stets hielten die amerikanischen und sowjetischen Streitkräfte Abstand zueinander, kein amerikanischer Präsident gab je wieder den Befehl zu «DefCon 2», niemand musste sich mehr wie einst John F. Kennedy um den Erhalt des Weltfriedens sorgen, «weil irgendein Hurensohn nicht mitbekommt, was Sache ist.»

Literatur

Quellen:
– Den größten Bestand verwaltet die John F. Kennedy Library in Waltham, Massachussetts; von besonderem Interesse sind dabei die «National Security Files/Countries/Cuba», die «National Security Files/Countries/USSR», die «National Security Files/Regional Security/Latin America», die «National Security Files/Meetings and Memoranda», die «National Security Files/Executive Committee» und die «President's Office Files», ferner die Theodore Sorensen Papers, die Roger Hilsman Papers, die Arthur M. Schlesinger Jr. Papers und die McGeorge Bundy Papers; alsbald dürften auch die Robert S. McNamara Papers zugänglich sein.
– Akten über die Vereinten Stabschefs finden sich in den National Archives, College Park, Maryland, Record Group 218, Records of the U. S. Joint Chiefs of Staff.
– Eine umfangreiche Kuba-Sammlung ist einsehbar auf der Website des National Security Archive (NSA), George Washington University, Washington, D. C. (Virtual Archive, Cuba Files) und des Cold War International History Project (CWIHP), Washington, D. C.; das «CWIHP» hat wichtige, seit den späten 1980er Jahren verfügbare Quellen auch in seinem «Bulletin» publiziert: siehe «Bulletin» Nr. 5, 8–9, 10, 11, 14–15. Die Bestände des «NSA» und «CWIHP» sind besonders wertvoll, weil sie die meisten bis dato freigegebenen Akten aus ehemals sowjetischen und aus kubanischen Archiven enthalten; viele dieser Dokumente sind infolge einer erratischen Archivpolitik heute in Moskau und Havanna nicht mehr einsehbar. Noch immer unverzichtbar ist die in den frühen 1990er Jahren vom «NSA» vorgelegte Microfiche-Edition: The Cuban Missile Crisis, 1962: The Making of U. S. Policy sowie der National Security Archive Documents Reader (hg. v. L. Chang und P. Kornbluh), The Cuban Missile Crisis, 1962, New York 1992.
– Aus der Reihe «Foreign Relations of the United States» (FRUS) decken Bd. VI/1961–1963 sowie Bd. I/1961–1963 die Kuba-Krise ab.
– Zur Rolle der CIA siehe History Staff Central Intelligence Agency, CIA Documents on the Cuban Missile Crisis (hg. v. M. S. McAuliffe), Washington, D. C. 1992. Zur gescheiterten Invasion in der Schweinebucht siehe P. Kornbluh, Hg., Bay of Pigs Declassified. The Secret CIA Report on the Invasion of Cuba, New York 1998.
– Wichtige amerikanische Quellen liegen ferner vor bei M. J. White, Hg., The Kennedys und Cuba. The Declassified Documentary History, Chicago 1999.
– Aufschlussreiche sowjetische Quellen finden sich im Archiv von Dimitri Wolkogonow, Hoover Library Collection, Stanford University, California.
– Neu zugängliche britische Quellen liegen vor in der Dokumentensammlung British Archives on the Cuban Missile Crisis 1962 (Archival Publications International), London 2001.

– Transkripte der Tonbandaufnahmen im Weißen Haus wurden vorgelegt von E. R. May, T. Naftali, Ph. D. Zelikow, Hg., John F. Kennedy, The Presidential Recordings. The Great Crises, 3 Bde., New York, London 2001; dies., Hg., The Kennedy Tapes. Inside the White House During the Cuban Missile Crisis, Cambridge, Mass. 1997; B. Greiner, Kuba-Krise. 13 Tage im Oktober – Analysen, Dokumente, Zeitzeugen, Nördlingen 1988.

Neuere Sekundärliteratur zur Geschichte der Kuba-Krise aus kubanischer, amerikanischer und sowjetischer Perspektive:
M. Dobbs, One Minute to Midnight. Kennedy, Khrushchev and Castro on the Brink of Nuclear War, London 2008; B. Greiner, Ch. Th. Müller, D. Walter, Krisen im Kalten Krieg, Hamburg 2008; M. Frankel, High Noon in the Cold War. Kennedy, Khrushchev, and the Cuban Missile Crisis, New York 2005.

Neuere Sekundärliteratur über Kuba zur Zeit der Raketenkrise: G. Koenen, Traumpfade der Weltrevolution. Das Guevara-Projekt, Köln 2008; N. Fuentes, Die Autobiographie des Fidel Castro, München 2006; J. G. Blight, Ph. Brenner, Sad and Luminous Days. Cuba's Struggle with the Superpowers after the Missile Crisis, Lanham, New York 2002; T. D. Acosta, October 1962: The ‹Missile› Crisis as Seen from Cuba, New York 2002; V. Skierka, Fidel Castro. Eine Biographie, Berlin 2001; C. Lechuga, Cuba and the Missile Crisis, Melbourne, New York 2001.

Neuere Sekundärliteratur über die UdSSR zur Zeit der Kuba-Krise: A. Fursenko, T. Naftali, Khrushchev's Cold War. The Inside Story of an American Adversary, New York, London 2006; D. N. Filippovych, M. Uhl, Vor dem Abgrund. Die Streitkräfte der USA und der UdSSR sowie ihrer deutschen Bündnispartner in der Kubakrise, München 2005; W. Taubman, Khrushchev. The Man and His Era, New York, London 2003; A. Mozgovoi, A., The Cuban Samba of the Quartet of Foxtrots, Moskau 2002 (leider liegt dieser Text nur in russischer Sprache vor und kann auch nicht über den Buchhandel bezogen werden).

Neuere Sekundärliteratur über die USA zur Zeit der Kuba-Krise: T. Weiner, CIA. Die ganze Geschichte, Frankfurt/M. 2008; Assassination Transcripts of the Church Committee (hg. v. Assassination Archives and Research Center), CD-ROM 2004; R. Dallek, John F. Kennedy. Ein unvollendetes Leben, München 2003; P. A. Huchthausen, October Fury, Hoboken 2002; The Church Committee Reports (hg. v. Assassination Archives and Research Center), CD-ROM 2001.

Sekundärliteratur älteren Datums:
J. G. Blight, D. A. Welch, Hg., Intelligence and the Cuban Missile Crisis, London 1998; M. J. White, Missiles in Cuba. Kennedy, Khrushchev, Castro and the 1962 Crisis, Chicago 1997; A. Fursenko, T. Naftali, «One Hell of a Gamble». Khrushchev, Castro, and Kennedy, 1958–1964, New York, London 1997; S. M. Hersh, The Dark Side of Camelot, Boston 1997; Ph. Nash, The Other Missiles of October. Eisenhower, Kennedy, and the Jupiters, 1957–1963, Chapel Hill 1997; Anatoly Dobrynin, In Confidence. Moscow's Ambassador to America's Six Cold War Presidents, Seattle, London 1995; A. I. Gribkov, W. Y. Smith, Operation ANA-

DYR. U. S. and Soviet Generals Recount the Cuban Missile Crisis, Chicago, Berlin, Tokio, Moskau 1994; S. D. Sagan, The Limits of Safety: Organizations, Accidents, and Nuclear Weapons, Princeton 1993; J. G. Blight, B. J. Allyn und D. A. Welch haben seit den späten 1980er Jahren die Treffen von Historikern mit amerikanischen, sowjetischen und kubanischen Entscheidungsträgern aus der Zeit der Kuba-Krise in mehreren Bänden dokumentiert, zuletzt mit dem Band: Cuba on the Brink. Castro, the Missile Crisis, and the Soviet Collapse, New York 1993 (das erste dieser Treffen fand 1987 in Hawk's Cay, Florida statt, das bis dato letzte 2002 in Havanna); J. A. Nathan, Hg., The Cuban Missile Crisis Revisited, New York 1992; A. I. Gribkow, Im Dienste der Sowjetunion. Erinnerungen eines Armeegenerals, Berlin 1992; Khrushchev Remembers: The Glasnost Tapes (hg. v. J. L. Schecter u. V. V. Luchkov), Boston 1990; S. Khrushchev, Khrushchev on Khrushchev. An Inside Account of the Man and His Era, Boston 1990; D. A. Brugioni, Eyeball to Eyeball. The Inside Story of the Cuban Missile Crisis, New York 1990; T. Szulc, Fidel. A Critical Portrait, New York 1986; R. L. Garthoff, Reflections on the Cuban Missile Crisis, Washington, D. C. 1987; M. Beschloss, Powergame. Kennedy und Chruschtschow. Die Krisenjahre 1960–1963, Düsseldorf 1991; B. Greiner, Kuba-Krise. 13 Tage im Oktober – Analysen, Dokumente, Zeitzeugen, Nördlingen 1988; J. H. Davis, Siegen! Siegen um jeden Preis. Die Kennedys – ihre wahre Geschichte, Zürich 1987; C. Franqui, Family Portrait with Fidel, New York 1985; A. E. Stevenson, The Papers of Adlai E. Stevenson (hg. v. W. Johnson), Boston. 1972–1979; Khrushchev Remembers (hg. v. S. Talbott) New York 1977; D. Halberstam, Die Elite. The Best and the Brightest, Reinbek bei Hamburg, 1974.

Forschungsdesiderata:
Noch immer liegt keine Literatur über die Rolle des sowjetischen Geheimdienstes und Militärs während der Kuba-Krise vor. Hinsichtlich des Diskussions- und Entscheidungsprozesses in der Administration Kennedy gibt es für die Zeit von Anfang August bis Mitte Oktober 1962 zahlreiche Dokumentationslücken. Zwar wurden von kubanischer Seite seit den frühen 1990er Jahren zahlreiche Quellen zur Verfügung gestellt; offensichtlich verfolgt Fidel Castro aber in erster Linie politisch-propagandistische Ziele: in ökonomisch schwieriger Zeit sollte die Raketenkrise ein inspirierendes Beispiel für Durchhaltevermögen und nationalen Wagemut geben. Kenner kubanischer Verhältnisse wie Norberto Fuentes vermuten, dass Castro unliebsame Dokumente seit jeher vernichten lässt.

Register